Mosaik

M

CW01457471

Helen Mart 1998

Dr. Hannes Lindemann

Autogenes Training

Bearbeitet von
Dr. Ilse-Doris Lindemann

Mosaik Verlag

Fotonachweis:
Axel Springer Verlag 31
BAVARIA 21, 45, 92
Gruner + Jahr-Fotoservice/Thomans 34; -/Weyer 61, 91
IFA-Bilderteam 107, 108; -/Brunner 47; -/Ergenbright 81; -/Jakob 38, 50; -/Lahall 84;
-/Maier 87
Jahreszeiten-Verlag/Brehm 119; -/Dahl 33
Tony Stone Bilderwelten 95; -/Beatty 80; -/Cornish 103; -/Craddock 53; -/Ehlers 104;
-/Gray 60; -/Harris 69; -/Hermansen 75; -/Rowan 74; -/Tomlinson 17; -/Torckler 116;
-/del Vecchio 110; -/Wells 22

Umschlaggestaltung: Martina Eisele

Der Mosaik Verlag ist ein Unternehmen
der Verlagsgruppe Bertelsmann

© 1996 Mosaik Verlag GmbH, München /5 4 3 2 1
Satz: Alinea GmbH, München
Druck und Bindung: Sebald Sachsendruck, Plauen
Printed in Germany
Alle Rechte vorbehalten
ISBN 3-576-10680-4

Inhalt

Anhang

Übungspraxis und Begleiterscheinungen

Vorwort

Unsere Gesundheit ist heute mehr denn je gefährdet. Wir müssen uns – trotz aller Erleichterungen, die uns von seiten staatlicher, karitativer und anderer Einrichtungen zuteil werden – auch selbst um ihre Kräftigung und Erhaltung bemühen. Denn: »Ein weiser Mensch sollte erkennen, daß die Gesundheit sein wertvollster Besitz ist, und lernen, wie er seine Krankheiten nach seinem eigenen Urteil behandeln kann«, sagte der große Arzt Hippokrates.

Um dieses Ziel zu erreichen, bedürfen wir jedoch einiger Hilfen. Das Autogene Training (AT) stellt eine solche Hilfe dar. Es ist Lebens- und Therapiehilfe zugleich. Daher schien es sinnvoll, dieses leicht verständlich geschriebene Übungsbuch für das AT herauszubringen. Es basiert auf meinem in sechzehn Sprachen erschienenen Buch *Autogenes Training. Der bewährte Weg zur Entspannung*, einem Longseller, der zu einem Standardwerk für AT-Kursteilnehmer geworden ist. Neueste Entwicklungen und langjährige Erfahrungen sind in das vorliegende Übungsbuch eingeflossen.

Seit den sechziger Jahren habe ich im In- und Ausland Zehntausende von AT-Schülern im Rahmen von Privatkursen sowie Veranstaltungen an Universitäten und Betriebsseminaren in großen Firmen unterrichtet. Heute bilde ich Kursleiter für AT und das von mir entwickelte Psychohygiene-Training (PT) aus. Vor allem aber habe ich die Wirkung und den großen Nutzen, den diese beiden psychotherapeutischen Methoden bringen können, am eigenen Leib erfahren, als ich 1955 als erster und bislang einziger Mensch den Atlantik in einem Serienfaltboot überquerte. Überdies konnte ich mit Hilfe des AT und des PT nach einem schweren Unfall zahllose Behinderungen überwinden.

Das AT vermag jedem zu helfen, der es konsequent und systematisch anwendet. Ich wünsche Ihnen, daß auch Sie diese Erfahrung machen.

Hannes Lindemann

9

I.

Das Autogene Training –
eine Lebenshilfe für jedermann

Dem modernen Menschen wird gewiß viel aufgebürdet, aber zusätzlich halst er sich selbst unnötige Lasten auf, die seiner Gesundheit schaden. Er hetzt sich und seine Umgebung, mit anderen Worten: Er streßt sich selbst und andere.

Hier bietet sich das Autogene Training (AT) als gute Hilfe an – als ein Weg zur Gesundung von Körper, Geist und Seele oder einfach als eine Möglichkeit, sich das Leben erträglich zu machen.

Eine wissenschaftliche Methode

Aufgrund der allgemeinen Verflachung des Lebens und des Verlustes fundamentaler Werte fühlen sich viele Menschen zum AT hingezogen. Sie spüren intuitiv, daß ihnen diese Methode physisch und psychisch Halt und Hilfe geben kann. Aber sie haben oft falsche Vorstellungen von ihr. Nicht alle wissen, daß es sich um eine wissenschaftliche Methode handelt,

um eine milde Art der Selbsthypnose, mit der die Kraft der Vorstellung auf den Körper übertragen wird. Der bildhaften Vorstellung von Schwere folgt das Gefühl der Schwere, bis sich nach kurzer Zeit der wissenschaftlich nachweisbare Zustand der Schwere als Ausdruck der Muskelentspannung einstellt. Die Übertragung vom Psychischen auf das Körperliche ist nur möglich, weil Leib und Seele eine Einheit bilden. Der Mensch ist ein beseelter Organismus.

Abgesehen von Kleinkindern kann nahezu jeder das AT erlernen, vorausgesetzt, er trainiert und konzentriert sich auf Ruhe und Entspannung. Wer sich dann mit Hilfe des AT von seinen Sorgen und Problemen lösen kann, wird auch körperliche Störungen hinter sich lassen. Viele Kursteilnehmer haben sich durch das AT von jahrelangen Beschwerden aus eigener Kraft befreit. Sie haben Schmerzen und Gebrechen, Ängste und Beklemmungen, Befangenheit und Lampenfieber und viele andere Leiden, die sie vorher von Arzt zu Arzt führten, selbst überwunden.

Die Heilkraft der Vorstellung ist ein Wirkprinzip des Lebens

**Die Beschwerden und Gedanken beim Trainieren loslassen, vergessen

Für sie waren das ähnliche Höchstleistungen wie die, die ich in einem anderen Bereich dank des AT erzielt habe. Aus meinem Abenteuer kann man ersehen, wie mannigfaltig diese Methode der Selbstbeeinflussung dem hilft, der sie gezielt und systematisch anwendet.

Ein Selbstexperiment

Als ich 1952 in Casablanca arbeitete, lernte ich einen französischen Kollegen kennen, der ankündigte, in einem Schlauchboot ohne jegliche Lebensmittel und Trinkwasservorräte über den Atlantik segeln zu wollen. Er stellte unter anderem die sehr gefährliche Behauptung auf, daß Schiffbrüchige Seewasser trinken dürften.

Da sich damals keine Stimmen erhoben, die diesen gefährlichen Theorien widersprachen, fühlte ich mich als Arzt und Segler herausgefordert, sie durch einen Selbstversuch zu widerlegen. Es ging mir dabei durchaus nicht nur um die Salzwasserfrage; auch andere Probleme und Gefahren auf hoher See beschäftigten mich. Zu jener Zeit waren die Sicherheitsvorkehrungen für Schiffsbesatzungen und -passagiere unzureichend.

Das war mir von mehreren Schiffsreisen her nur zu gut bekannt.

Als Fahrzeug wählte ich für mein Experiment einen westafrikanischen Einbaum, ein Kru-Kanu, weil ich inzwischen in Liberia arbeitete. In dieser Nußschale bin ich dann 1955 in 65 Tagen über den Atlantik gesegelt und weiter zu meinem Endziel Haiti. Natürlich war ich froh, heil und gesund dort angekommen zu sein, aber je mehr Abstand ich zu dieser Fahrt gewann, desto unzufriedener fühlte ich mich. Zwar hatte ich wichtige Erfahrungen im Überleben auf hoher See sammeln dürfen, aber mir war eines nicht geglückt: die Meisterung der psychischen Probleme einer solchen Fahrt. Ich hatte mich physisch, technisch und navigatorisch sorgfältig vorbereitet, psychisch hingegen nicht. Dadurch war ich in eine äußerst gefahrvolle Krisensituation geraten, die auch unglücklich hätte enden können. Mir war bekannt, daß mehr Schiffbrüchige aus Panik, Angst und Verzweiflung ums Leben gekommen sind als durch körperliche Not, da die Psyche im allgemeinen schneller aufgibt als der Körper. So fragte ich mich, wie man die Psyche beeinflussen oder sogar zur Mithilfe gewinnen kann. Das AT war die Antwort. Es sollte meine »Geheimwaffe« werden.

Mein Einbaum war das schmalste Boot, das je einen Ozean überquerte

14

Für viele unverständlich, beschloß ich daher, eine neuerliche Fahrt zu unternehmen. Es wäre aber witzlos gewesen, dasselbe Boot zu benutzen. Vielmehr mußte es ein noch kleineres sein. Es gab nur eines auf dem Markt: ein Serienfaltboot. In diesem bis heute absolut kleinsten Boot, das je den Atlantik überquerte, wollte ich das Wagnis eingehen.

Ein Selbstexperiment, das 1956 weltweit Aufsehen erregte.

Motiv: Protest gegen falsche Behauptungen.

Hilfsmittel: Serienfaltboot.

Ziel: Atlantiküberquerung und Richtigstellung von Aussagen.

Ergebnis: bis heute (1996) absoluter Weltrekord.

Im Serienfaltboot über den Atlantik

Außer einer Handvoll Freunde wußte niemand von diesem Plan, auch meine Eltern nicht. Verheiratet war ich damals noch nicht. Jeden Pfennig des Unternehmens bezahlte ich selbst. All das gab mir eine Freiheit der Entscheidung, die mich unabhängig machte und aus der mir Kraft zufloß. Es gehörte viel Selbstdisziplin dazu, das Programm des körperlichen und psychischen Trainings durchzuhalten.

Eine Voraussetzung war für mich der Glaube – in doppelter Hinsicht. Der feste Glaube an das Gelingen ist der erste Schritt zur Verwirklichung; das gilt für jedes Unternehmen. Positive Gedanken beruhigen und entspannen. Glaube bedeutet Kraftgewinn. Aber der religiöse Glaube und das Beten erschienen mir zu passiv. Ich brauchte mehr: eine gezielte Therapie gegen die zu erwartenden Schwächezustände. Hier sollte mir das AT helfen.

Bei Opfern von Katastrophen und Unfällen sind die psychischen Probleme und nicht so sehr die Körperverletzungen entscheidend. Das AT kann auch hier gut helfen

Der feste Glaube an das Gelingen bedeutet in jeder Lebenslage Kraftgewinn. Der Glaube stärkt den Willen

Ich schaffe es

Affirmationen
wie »Ich schaffe
es« werden
in den Alltag
integriert

Da ich das AT bereits beherrschte, ging ich erst sechs Monate vor dem beabsichtigten Abfahrtstermin dazu über, mir den ersten formelhaften Vorsatz in tiefere seelische Schichten einzuprägen: *»Ich schaffe es.«* Wenn ich abends während dieses Trainings einschlief, war der letzte Gedanke: »Ich schaffe es.« Und morgens konzentrierte ich mich als erstes darauf.

Jede Suggestionsformel kann und soll man sich darüber hinaus auch zwischen den Übungen immer wieder vorsagen: beim Gehen, Sitzen, Essen – bei allen möglichen Gelegenheiten. Man lebt mit dem Vorsatz, man identifiziert sich mit ihm, so daß er zur zweiten Natur wird und jede Zelle des Körpers von ihm erfüllt ist. Er wird zu einer Art Lebensinhalt.

Das AT kann
ein Lebensretter
sein

Nachdem ich etwa drei Wochen mit dem Vorsatz »Ich schaffe es« gelebt hatte, *wußte* ich, daß ich die Fahrt heil überstehen würde. Immer wieder hatte ich versucht, mein Unbewußtes zu aktivieren, um im Traum oder als innere Stimme eine Antwort auf die Fragen zu erhalten: »Ist die Fahrt auch moralisch gerechtfertigt? Komme ich heil an?« Die Antwort war ein *kosmisches Sicherheitsgefühl*, eine

In Krisensitua-
tionen können
formelhafte
Vorsätze gezielt
helfen

kosmische Geborgenheit. Erst als ich von diesem Gefühl durchdrungen war und getragen wurde, entschied ich mich endgültig, die Fahrt zu unternehmen.

Während der Überquerung kam der Vorsatz »Ich schaffe es« automatisch immer dann wieder zum Vorschein, wenn Krisen zu überwinden waren. Vor allem bei der ersten Kenterung berührte es mich zutiefst, wenn das »Ich schaffe es« plötzlich aus dem Dunkel auftauchte und mich führte.

Noch zwei andere formelhafte Vorsätze mußte ich mir einverleiben, wie in dem Buch *Allein über den Ozean* nachzulesen ist. Gegen die zu erwartenden Halluzinationen hatte ich mich mit ihrer Hilfe so sensibilisiert, daß ich wach wurde, hellwach, wenn mich Trugbilder überfielen.

Diese Vorsätze wirkten wie ein seelisches Stützgerüst in den bedrohlichsten Stunden der Fahrt, vor allem als ich am 57. Tag kenterte und eine lange Sturmnacht auf dem glitschigen Boot liegen mußte, ehe ich es im Morgengrauen wieder aufrichten konnte.

Wie tief im Unterbewußten solche formelhaften Vorsätze verankert werden können, zeigt das folgende Beispiel:

16

Kurs West

Mein entscheidender vierter Vorsatz lautete: »*Kurs West.*« Beim geringsten Ausscheren aus dem Westkurs sollte es automatisch in mir erklingen: »Kurs West.« Es durfte nicht erst ein Riesenbrecher über das Deck waschen und mich aus einem Schlafmangeldelirium herausreißen.

Während der letzten 18 Tage hatte ich stürmische Passatwinde.

Das Schlafdefizit wurde unerträglich groß. Ich litt unter kinetischen Trugschlüssen. Im Röhren des Windes und der Wogen hörte ich nun häufig, wie die vorbeirauschenden Brecher mir lautmalerisch zuriefen: »Wescht« oder »Wessst«. Es war der Vorsatz »Kurs West«, der sich in mir rührte. Dann blitzten Halluzinationen aus der Tiefe auf. So sah ich einen Afrikaner, mit dem sich ein Scheingespräch entspann: »Wohin fahren wir?« – »Zu meinem Boß.«

Für Abenteuer-
reisen und Expeditionen sollte man sich auch mit dem AT vorbereiten

Entspannung
spart Kraft und baut Ängste ab

AT hebt die
Stimmung und lindert Beschwerden

»Wo wohnt dein Boß?« – »Im Westen«, antwortete der Schwarze. Das Wort »Westen« machte mich sofort hellwach, sogleich schaute ich auf den Kompaß, um den Kurs zu korrigieren.
Dieses Beispiel zeigt, wie formelhafte Vorsätze selbst Halluzinationen durchbrechen können. Ein Novum in der Medizin. Es zeigt aber auch, daß formelhafte Vorsätze so stark wie posthypnotische Suggestionen wirken können. Unter Umständen sind sie lebensrettend.

Jeder vermag sich in der Entspannung des AT solche Vorsätze einzuprägen. Auch der Alltag bietet genügend Situationen, in denen sie helfen können. Mit Sicherheit aber ist jeder in der Lage, sie für seine Persönlichkeitsentwicklung zu nutzen.

Autogenes Training im »Seelenverkäufer«

Das AT läßt sich überall praktizieren, auch in einem winzigen Boot. Selbstverständlich habe ich wie jeder Hochleistungssportler mehrfach am Tag trainiert. Man stelle sich einmal vor: 72 Tage und Nächte sitzend durchhalten. Da mußte es zu Sitzgeschwüren kommen. Also zauberte ich mir regelmäßig während der Fahrt, vermehrt jedoch bei stürmischem Wetter, das Wärmegefühl – die leichteste Übung des AT – auf die posterioren Flächen.

Mein »Achtersteven« blieb auf diese Weise von Sitz- und Salzwassergeschwüren verschont. Aber das hatte auch noch andere Gründe. Wer sich autogen entspannt, spart Kraft und Kalorien; er lebt ökonomischer als der verkrampfte Mensch. Tiefstes Entspannen führt zu Wohlbehagen. Wer sich richtig entspannen kann, verringert seine naturgegebene Angst. Das Schlafbedürfnis nimmt ab, die Sitzunruhe läßt nach, man sitzt so entspannt, daß es nicht so schnell zu Beschwerden kommt.

Sowohl beim Segeln als auch beim AT und sogar beim Schlafen mußten die Füße die Ruderkabel bedienen. Der Anfänger wird beides zugleich – Steuern und AT – nicht schaffen. Für den Erfahrenen hingegen ist das eine Selbstverständlichkeit; ihm ist alles zum Reflex geworden.

Das AT hat in der Planungsphase meine Stimmung gehoben; es hat während der Atlantiküberquerung Ängste, Sorgen, Schmerzen und Beschwernisse gelindert und vertrieben und mich die schwierigste Herausforderung dieser Fahrt, das Schlafproblem, einigermaßen gut überwinden lassen. Es hat mir dieses Abenteuer praktisch erst ermöglicht. Dennoch: Selbst wenn man das AT noch so gut beherrscht, manche Dinge kann man mit ihm nicht erringen und erzwingen. Im übrigen ist es immer gut, den Rat eines Arztes einzuholen.

Positive Vorstellungen bedeuten Erfolg

Mit der Vorstellung vom Erfolg beginnt bereits der Erfolg. Daher mußte ich vor der Faltbootfahrt den Vorsatz »Ich schaffe es« so tief in mir verankern, daß mir praktisch keine andere Wahl blieb, als Erfolg zu haben. »Selbst wenn du zehnmal kenterst – du kommst drüben heil an«, sagte es in mir vor der Abfahrt. Und während der Überfahrt hat mich diese Einstellung die beiden Kenterungen unversehrt überstehen lassen.

Wer sich entschieden hat, autogen zu trainieren, sollte nur an den Erfolg denken. Nachdem man sich im Leben zu einem Entschluß durchgerungen hat – selbstverständlich immer erst nach Abwägen aller Faktoren –, verbannt man alle Zweifel und Bedenken aus seinen Gedanken, denn die Vorstellung regiert die Welt.

Wenn wir also unser Ziel erkannt haben, marschieren wir drauflos. Ein hochgestecktes Ziel ganz ohne Hindernisse gibt es nicht. Schwierigkeiten gehören zum Alltag. Es kommt darauf an, daß man diese Hindernisse nicht überbewertet. Aber auch ohne Ausdauer geht es nicht. Nicht umsonst ist AT ein Training, das aus sich selbst heraus entsteht – eben autogen.

Üben schließt ein, daß man auch Fehler begeht. Sie dürfen uns aber nicht dazu verleiten, wankelmütig zu werden oder gar aufzugeben. Unser Selbstbild darf nur den Erfolg kennen. Das aber kann man auch nicht von heute auf morgen lernen. Man muß es üben. Nach Plan trainieren. Jeden Tag sich mehrere Male einprägen: »Nichts hat mehr Erfolg als der Erfolg.«

»Die Vorstellung regiert die Welt« – dann sollte sie wohl auch unseren Organismus regieren können

Kranke Gedanken erzeugen Krankes. Es ist Selbstsabotage, negative Vorstellungen in seinem Innern zu belassen, weil sie unserem Immunsystem schaden.

Wir alle müssen unsere Gedankenwelt kultivieren, damit wir mehr Gesundheit gewinnen

Jeder Mensch hat auf Dauer nur so viel Erfolg, wie er von sich selbst erwartet. Positive Vorstellungen bedeuten Erfolg – gerade beim AT. Und sehr häufig können sie auch Gesundung bedeuten. Wilhelm von Humboldt (1767–1835) meinte einmal sehr optimistisch, es werde eine Zeit kommen, wo es als Schande gelte, krank zu sein, wo man Krankheiten als Wirkung verkehrter Gedanken werten müsse. Sein Freund Goethe (1749–1832) drückte es poetischer aus: »Was wir in uns nähren, das wächst; das ist ein ewiges Naturgesetz.«

Der Arzt und Dichter Ernst von Feuchtersleben (1806–1849) sagte dazu: »Wir wollen nicht bloß Gefühle meistern, sondern womöglich das Erkranken selbst.« Und weiter heißt es im Vorwort zu seiner »Diätetik der Seele«: »Man sei bestrebt, die Kraft des Gedankens in sich zu entwickeln.« Und: »Gebt dem Geiste seine Kraft, und tausend Krankheiten sind gelöscht.«

Das ist auch das, was wir mit dem AT erreichen wollen. Aber: Das AT ist ein von der Wissenschaft erprobter und ausgeschilderter Weg, auf dem der Laie weder versinken noch sich verirren kann. Es ist mehr als Autosuggestion.

Gedanken besitzen Verwirklichungskraft. Nur der ist frei, der seine Gedanken beherrscht. Das gilt bis zu einem gewissen Grad auch für das Sich-krank-Fühlen: »Kein wahrhaft freier Mensch kann krank sein«, meinte in diesem Sinne der Dichter Christian Morgenstern (1871–1914).

Gesundheit ist also die zwingende Folge der positiven Lebenseinstellung. Das allerdings statistisch beweisen zu wollen ist schwierig. Aber Ärzte werden es bestätigen: Positiv eingestellte Menschen kränkeln wenig, und wenn sie tatsächlich krank geworden sind, gesunden sie schneller als Menschen, die Gefangene ihrer eigenen zweifelnden und negativen Vorstellungen sind. Mit anderen Worten: Schlimmer als Krebs oder Herzinfarkt sind negative Vorstellungen. Sie sind die Geißeln der Menschheit.

Negative Vorstellungen »materialisieren« sich auch in unserem Körper – im schlimmsten Fall als Krankheit

Jeder wird Menschen kennen, die durch bloße Einbildung krank geworden sind. Ich kenne viele, die nach langen Jahren, in denen sie kränkelten und von Arzt zu Arzt liefen, wieder gesund wurden – kraft ihrer positiven Vorstellungen im AT. Gemäß dem Motto: »Was ich denke, werde ich.« Jeder ist das, was er denkt.

Von der Macht der Vorstellung

Daß man durch falsche Vorstellungen und negative Gedanken krank werden kann, leuchtet noch ein. Aber sogar sterben? Albert Schweitzer hat in diesem Zusammenhang über Tabuvorstellungen berichtet. In Westafrika – wie auch bei anderen Völkern der Welt – erhalten die Neugeborenen gelegentlich ein Tabu. So wird ihnen zum Beispiel verboten, je- mals in ihrem Leben Bananen zu essen. Wer sein Tabu bricht, muß sterben. Ihn tötet die Vorstellung, etwas getan zu haben, was gegen die Stammesregeln verstößt.

Während meines Aufenthaltes in Lambarene erzählte mir Schweitzer von einem solchen Fall: Ein Afrikaner war verunglückt und bewußtlos geworden. Als er nach längerer Zeit wieder zu sich kam, jedoch noch nicht völlig klar denken konnte, fütterte man ihn mit

Bananenbrei. Die Reaktion ließ nicht lange auf sich warten: Kaum erfuhr der Mann, daß er, wenn auch ohne eigene Schuld, sein Tabu gebrochen hatte, legte er sich zum Sterben nieder. Man hatte größte Mühe, ihn am Leben zu halten.

Einen vergleichbaren Fall berichtet der ungarische Arzt István Hárdi: Ein Arbeiter wurde versehentlich in einen Kühlwagen gesperrt, von dem er annahm, er sei in Betrieb. Am nächsten Morgen fand man den Mann tot auf, und zwar mit allen Symptomen der Erfrierung. Bei der Unfallrekonstruktion stellte sich jedoch heraus, daß das Kühlaggregat gar nicht eingeschaltet gewesen war. Der Mann hatte sich also eingebildet, er werde den Erfrierungstod sterben – und so geschah es.

Von dem Psychiater E. Wiesenhütter stammt der folgende Bericht: Ein Monteur hatte an einer Überlandleitung einige Reparaturen auszuführen. Dabei stieß er versehentlich an einen Draht, von dem er glaubte, er stünde unter Strom. Der Mann war sofort tot. Später wurde festgestellt, daß der Strom abgeschaltet war.

Ganz gleich, ob diese Unglücklichen – sie stehen für viele andere

– durch negative Vorstellungen oder durch Schreck gestorben sind, auf jeden Fall war ihr Tod psychogener Natur: Ihr Glaube, ihre falsche Vorstellung beziehungsweise ihre fixe Idee hatten sie getötet.

Neues Wissen, neue Hoffnung

Wenn falsche Vorstellungen sogar den Tod herbeiführen können, dann wird es auch möglich sein, durch positive Vorstellungen das Sterben zu verzögern. Daß dies so ist, wird jeder aufmerksame und berufserfahrene Arzt bestätigen.

Der Schweizer Psychiater Charles Baudouin berichtet von folgendem lehrreichen Fall: Ein Hals-Nasen-Ohren-Arzt gab einer an Kehlkopfkrebs erkrankten Frau höchstens noch drei Monate Lebenszeit. Aber bei einer Nachuntersuchung staunte er nicht schlecht: Die Geschwulst war erheblich kleiner geworden. Die Patientin gestand, sie wende eine seelische Heilmethode an. Der Arzt war vernünftig genug, sie darin zu bestärken. Nach monatelanger fortschreitender Besserung trat jedoch plötzlich eine Verschlechterung ein. Die Patientin hatte ihre Pension gewechselt, und ihre neuen Bekannten hatten ihre

Die Vorstellung, an einer bestimmten Sache sterben zu müssen, kann uns tatsächlich töten. Man unterschätze nicht die Kraft der Vorstellung

Wenn der
Glaube
schwankt,
schwankt auch
der Krankheits-
verlauf

seelische Heilmethode schlechtgemacht, so daß sie unsicher geworden war. Auf Anraten des Arztes zog sie in eine andere Pension und sprach in Zukunft mit niemandem mehr über ihre Probleme. Und wieder trat eine Besserung ihres Zustandes ein, die für einige Zeit anhielt.

Wir wissen, daß die Macht der Vorstellung, unterstützt durch das AT, die wirksamste Kraft im Kampf gegen unsere kleinen und großen Beschwernisse ist, die man sich nur ausmalen kann. Im Verein mit einem festen Glauben kann die Macht der Vorsätze und Vorstellungen tatsächlich »Berge versetzen«.

Hoffnung, Glaube, Vertrauen, Vorsätze, Lebensziele – all das sind Heilfaktoren, die unser Abwehrsystem anregen. Hoffnungslosigkeit lähmt das Abwehrsystem, so daß Krankheiten auftreten können.

II.

Die Grundübungen
des Autogenen Trainings

Von den Ursprüngen des AT

Der Schöpfer des AT ist Professor Dr. Dr. h. c. Schultz. 1970 starb er nach einem langen schaffensreichen Leben im Alter von 86 Jahren. Sein Vater war Theologieprofessor in Göttingen. Schultz wies häufig darauf hin, daß sich sein Vater um die Seelenheil-Kunde bemüht habe, während er sich selbst der Seelen-Heilkunde widme. Nicht ganz zufällig wird hier bereits ein moderner Trend sichtbar: die Abwanderung des flach verwurzelten, beziehungsarmen Menschen vom Seelsorger zum Psychotherapeuten.

Schon vor 1910 arbeitete Schultz in Breslau in seinem stark besuchten Hypnoseambulatorium. Seine Versuchspersonen erlebten in der Hypnose »mit absoluter Regelmäßigkeit« zwei Zustände: »eine eigenartige Schwere, besonders in den Gliedmaßen, und eine eigenartige Wärme«. Mit dem Schwere- und Wärmegefühl setzt nun, wie beim AT, die Umschaltung in einen anderen Zustand ein. Schultz spricht von einer »organisch leibseelischen Umschaltung«, die beispielsweise auch dann eintrete, wenn man ein sogenanntes beruhigendes Dauerbad nehme.

Es kommt nun darauf an, so sagte sich Schultz, daß die Patienten diese Umschaltung selbst vornehmen. Daß es möglich ist, wußte er von den Untersuchungen des Hirnforschers Oskar Vogt, der ihm von Versuchspersonen berichtete, die »sich durch eine Ganzumschaltung selbst in den hypnotischen Zustand versetzen« konnten. Die Patienten mußten jetzt also selbst in entspannter Haltung Schwere und Wärme in sich erzeugen. Durch seine Empfehlung, prophylaktische Ruhepausen zur Entspannung einzulegen, ist Vogt ein direkter Wegbereiter des AT.

Früher war die Seelenheil-Kunde begehrt, heute die Seelen-Heilkunde

Das AT ist aus der Hypnose entstanden, aber von anderen Methoden beeinflußt worden

Wer erlernt das AT am leichtesten?

Der Glaube an meine Gesundheit bringt mir nachweisbare Gesundheitsimpulse

Zunächst einmal muß man davon überzeugt sein, daß man das AT erlernen wird. Jeder Zweifel an sich selbst, an der Methode, aber auch am Kursleiter erschwert das Vorhaben. Die innere Bereitschaft muß vorausgesetzt werden.

Ein nicht so dominantes logisches Denken fördert das Erlernen des AT, ebenso das feste Vertrauen auf die Verwirklichung des Vorhabens. Der von vornherein gleichmütige, duldende und hinnehmende Mensch eignet sich das AT im allgemeinen etwas leichter an als der unruhige, nervöse, aktive und skeptische.

»Dein Glaube hat dir geholfen« – dieser Erfahrungssatz gilt hier ganz besonders. Wie sehr der psychische Effekt des Glaubens an die Heilkraft einer Methode oder eines Medikamentes den Menschen unbewußt beeinflußt, beweist der Placeboeffekt.

Das Wort »Placebo« stammt aus dem Lateinischen und bedeutet »Ich werde gefallen«. Ein Placebo

Faktoren, die den Erfolg im AT fördern:

- Glaube an sich selbst
- Glaube an die Methode
- Glaube an den oder die Kursleiter/in
- Hingabefähigkeit
- Konzentrationsfähigkeit
- innere Bereitschaft
- ein gewisser Leidensdruck
- leichte Müdigkeit
- das Üben in der Gruppe
- stereotype Bewegungen
- Üben nach Bewegung
- die Einschlafsitzung
- Üben mit der PT-Atmung
- nicht so starkes logisch-rationales Denken
- günstige räumliche Bedingungen, störungsfreie Räume
- unter Umständen geeignete Musik

ist ein Leerpräparat, ein Scheinmedikament. Anstelle des wirksamen Präparates gibt man eines, das dem zu prüfenden äußerlich gleicht, in Wirklichkeit aber nur aus einer unwirksamen Substanz wie Zucker oder dergleichen besteht. Wenn weder Arzt noch Versuchsperson bekannt ist, ob es sich um ein Placebo oder um eine echte Arznei handelt, spricht man von einem Doppelblindversuch.

Bei verschiedenen Versuchen dieser Art wurde nun nachgewiesen, daß in 30 bis 90 Prozent aller Fälle autosuggestive Placebowirkungen auftreten. Am häufigsten waren positiv verlaufene Selbstbeeinflussungen bei Kopfschmerzen zu beobachten.

Einen hemmenden Einfluß auf die Erlernbarkeit des AT hat der Wille: Wenn der Übende sich allzusehr anstrengt, verhindert er dadurch oft den Erfolg. Man spricht vom »Prinzip der paradoxen Intention«. Die bewußte Willensanstrengung reizt und verstärkt entgegengesetzte Impulse. Krampfhaftes Wollen einerseits und ängstlicher Zweifel andererseits hemmen die Realisierung. Man sollte vielmehr nachgeben und in das Abgleiten einwilligen. Wer loslassen und sich dem Au-

genblick hingeben kann, meistert das AT meist ohne Schwierigkeiten.

Wann üben wir?

Der Anfänger tut gut daran, sich so eng wie möglich an die vom Kursleiter gegebenen Anweisungen zu halten. Eine gewisse Großzügigkeit in der Handhabung mag im Einzelfall gerechtfertigt sein. Für die Mehrzahl der Übenden ist es jedoch vorteilhafter, wenn sie anfangs systematisch vorgehen.

Die für ihn günstigste Zeit wird jeder selbst herausfinden. Meistens fällt die letzte Übung unmittelbar in die Zeit vor dem Schlafen. Das abendliche Training ist absolute Notwendigkeit.

Auch der mit dem AT eingeleitete Start in den Tag ist für viele schon zu einer Art Morgentoilette für die Seele geworden. Wer Gefahr läuft, während des morgendlichen Trainierens wieder einzunicken, sollte sich beim Üben sagen: »Ich bleibe beim Üben ganz frei und frisch.«

Diesen Vorsatz kann man sich auch geben, wenn man nachmittags am Arbeitsplatz oder sonstwo trainiert, wo ein Einschlafen unerwünscht ist. Die Nachmittagssit-

Trainieren in der Einschlafphase hat viele Vorteile, unter anderem ruhigeren Schlaf

Bewußtes Wollen kann zu entgegengesetzten Symptomen führen, auch im AT

29

zung ist etwas für Kenner und Könner. Richtig durchgeführt, erspart sie eine Tasse Kaffee, denn nach dem Üben fühlt man sich wieder frisch.

Täglich zehn Minuten

Zu Beginn des Kurses wird man etwa zwei Minuten für die erste Übung ansetzen. Am Schluß des Kurses kann man schon gut acht Minuten Übungszeit rechnen. Wenn dann noch formelhafte Vorsätze hinzukommen, kann eine Übung bis zu zehn Minuten dauern. Aber diese zehn Minuten sind in die Gesundheit investiert!

Dreimal täglich üben, und der Erfolg stellt sich bald ein

Beim Erlernen des AT werden Sie in der Regel dreimal täglich üben. Sobald Sie mit dem Übungserfolg zufrieden sind, werden Sie automatisch auf eine »Erhaltungsdosis« übergehen. Das Mindestmaß wäre, täglich einmal zu trainieren.

Wenn Sie es einrichten können, sollten Sie in einem leicht abgedunkelten und nicht zu warmen Raum üben. Schließen Sie die Fenster, um störende Reize fernzuhalten.

Geduld und Ausdauer bringen die Übenden weiter

Ein voller Bauch trainiert nicht gern, diese Regel trifft für viele autogen Trainierende zu. Auch wenn man kurz vorher Kaffee getrunken hat, fällt es im allgemeinen schwer, sich zu konzentrieren. Und mit der Konzentrationsfähigkeit steht und fällt der Erfolg.

Die individuellen Ursachen für die Unfähigkeit, seine Gedanken zu sammeln, sind mannigfaltig. Manche Kursteilnehmer berichten, sie könnten sich abends schwerer auf das Training konzentrieren, wenn sie Wein getrunken hätten. Andere haben ähnliche Beobachtungen nach dem Genuß von Tee, Käse oder anderen Nahrungsmitteln gemacht.

Nicht jeden Tag werden Sie mit dem gleichen Erfolg üben können. Dennoch läßt sich sagen: Je erfahrener der Übende, desto weniger fechten ihn äußere oder auch innere Störmomente an – gemäß der Redensart: »Wenn auch die Hunde kläffen, die Karawane zieht ihres Weges.«

Droschkenkutscher als Vorbild?

Selbstverständlich muß eine Entspannungsübung in einer entspannten Haltung durchgeführt werden. Im Kurs übt man gelegentlich in der sogenannten *Droschkenkutscherhaltung* oder *aktiven Sitzhaltung*. Sitzend rich-

Die Droschken-kutscherhaltung ist eine Verlegen-heitslösung, weil sie die Bauchat-mung behindert

tet man sich auf, streckt die Wirbelsäule und sackt dann in ihr zusammen. Dabei darf aber der Bauch nicht gepreßt werden, man darf sich also nicht zu weit vornüberbeugen. Der Kopf hängt locker nach vorn, bei dem einen mehr, bei dem anderen weniger.

Die Hände liegen spannungslos auf den Oberschenkeln, sie sollten sich nicht berühren, weil dies meist als störend und ablenkend empfunden wird. Die Ellenbogen sind leicht gewinkelt, die Beine ein wenig gespreizt. Die Unterschenkel bilden mit den Oberschenkeln einen Winkel von 90 Grad, stehen also senkrecht auf dem Boden.

Wer die Übung im Liegen beherrscht, kann sie damit noch nicht im Sitzen

Die Augenlider sind geschlossen. Der Zungenboden ist locker und schwer, der Unterkiefer hängt locker herab, ohne daß der Mund offenstehen muß.

Diese Droschkenkutscherhaltung kann überall eingenommen werden – auch auf dem stillen Örtchen, wie Schüler versichert haben, die sich vor einer Klassenarbeit noch einmal in Ruhe sammeln oder sich einen Vorsatz einprägen wollten.

Meist wird in der passiven Sitzhaltung trainiert

Bei der *passiven Sitzhaltung* dagegen lehnt man sich gegen die Rückenlehne. Zu Hause kann das am besten in einem Lehnstuhl geschehen, aber auch in einem Sessel. Wenn möglich, wird man den Kopf hinten gegen- oder auflegen; die Arme ruhen auf den Armlehnen. Ist das nicht möglich, so nimmt man die Droschkenkutscherhaltung ein. Die Beine sollten nicht übereinandergeschlagen werden; das stört.

Am liebsten üben die meisten *im Liegen.* Die gebräuchlichste Stellung hierbei ist eine behagliche Rückenlage bei leicht erhöhtem Kopf. Auch hier werden die Ellenbogen etwas angewinkelt, während die Handflächen neben den Oberschenkeln aufliegen. Die Füße zeigen, wenn sie entspannt sind, geringfügig nach außen. Sind sie aufrecht nach oben gerichtet, so deutet das auf noch vorhandene Verspannungen hin.

Menschen mit einem Hohlkreuz werden sich zwei Decken unter die Knie schieben müssen, um entspannt und unbehindert zu liegen. Nicht allen fällt es leicht, in der Rückenlage zu üben.

Nahezu in jedem Kurs taucht die Frage auf, ob man auch in seiner Einschlafstellung trainieren darf. Wer beispielsweise ein Hohlkreuz oder ein organisches Herzleiden hat, schläft oftmals am liebsten auf der rechten Seite liegend ein. Auch in dieser Position dürfen Sie natürlich trainieren. Selbst in der Bauchlage als Einschlafposition wird das AT von einigen erfolgreich praktiziert. Man kommt aber weniger schnell zum Ziel, wenn man stets in einer anderen Stellung übt. Gerade Anfänger sollten beim Üben immer die gleiche Position einnehmen, dadurch stellt sich der Erfolg schneller ein. Yoga-Praktizierende werden selbstverständlich in ihrer Yoga-Position, der aufrechten Haltung, üben.

Erfahrene AT-Übende sitzen auf dem vorderen Teil eines Stuhles, richten sich auf und sacken dann geringfügig wieder in der Wirbelsäule zusammen. Beide Fußsohlen ruhen auf dem Boden. An diese sogenannte *Pharaonenhaltung* muß man sich erst gewöhnen. Nach traditioneller chinesischer Lehre fließt dann die Lebensenergie (Qi) unbehindert. Im übrigen läuft man so beim Üben nicht so schnell Gefahr einzuschlafen.

Geübte können in nahezu jeder Position erfolgreich üben

Die gesündeste Übungsposition ist die Pharaonenhaltung

33

Die Entspannung als Leistung

Der gelungene Wechsel im Tagesverlauf zwischen Spannung und Entspannung entscheidet mit darüber, ob wir uns wohl fühlen oder nicht. Der körperlich verkrampfte und verspannte Mensch ist auch seelisch verkrampft, und oft sind es zudem seine Beziehungen zur Umwelt.

Auch Krankheiten führen zu Spannungserhöhungen, die sich körperlich, psychisch und sozial äußern können. Wir alle kennen nervöse Menschen, deren dauerndes Gereiztsein uns auf die Nerven geht: Sie befinden sich in einem Zustand der Über- und Dauerspannung.

Obwohl das Entspannen ein alltäglicher Vorgang ist, kommt es dabei oft nicht zur völligen Lösung der Spannung. Der moderne Mensch befindet sich quasi dauernd im Anlauf, ohne zum Absprung zu gelangen. Man könnte auch sagen, daß es der Mangel an Entspannung ist, der uns ums Leben bringt.

Wer sich nicht entspannen kann, verliert an Gesundheit

Das AT ist dem modernen, stets unter Zeitdruck leidenden Menschen geradezu auf den Leib geschnitten. Man sollte es im eigenen Interesse anwenden und immer wieder üben. In diesem Sinne stellt Entspannung eine Leistung dar; denn Üben verlangt Charakter und Durchhaltevermögen. Außerdem trägt es zur Persönlichkeitsreifung bei.

Mit der Hinwendung zum eigenen Körper erfährt der Übende, daß er nicht nur einen Leib hat, sondern daß er auch Leib ist, wie es in einer schönen Formulierung heißt. Die übende Person muß »passiv fühlend in ihr Körpererlebnis gleiten«. Man versetzt sich in seiner Vorstellung in das Organ, das beeinflußt werden soll. Das hat mit dem Wollen nichts zu tun, der Wille wirkt sich dabei nur störend aus. Autosuggestionen erfolgen ohne Willensanstrengungen. Wer gegen diesen wichtigen Grundsatz verstößt, kann die bereits erwähnten paradoxen Wirkungen heraufbeschwören. Denken wir an die Einschlafsituation. Wer unbedingt einschlafen will, erschwert sich in der Regel das Einschlafen.

Manchen Übenden fällt es schwer, die innere Sammlung, die Konzentration auf bestimmte »Ein-Bildungen« von dem mit aktiver Spannung begleiteten Willen zu unterscheiden. Die völlige Hingabe an den Inhalt der Übungsformeln ist eine Selbstaufgabe, ein Sich-selbst-Vergessen und ein Loslassen. Sie gewährleistet den Übungserfolg. Einer der meistzitierten Sätze im AT lautet: »Wer gelernt hat, im AT sich zu lassen, der wird gelassen.« Oder: »Ich lasse mich los, um mich zu finden, meinen tiefsten Kern.« Oder: »Ich gebe mich auf, um mein Selbst zu finden.« Für einen verkrampften Körper ist das eine Befreiung.

Warum das Zurücknehmen wichtig ist

Gedanken und Vorstellungen haben die Tendenz, sich zu verwirklichen, wie wir bereits wissen. Wenn wir uns also gemäß der ersten Übungsformel vorstellen »rechter (linker) Arm ganz schwer«, so treten im Arm Veränderungen auf, deren Symptome durch das sogenannte Zurücknehmen beseitigt werden. Selbst wenn Sie überhaupt nichts gespürt haben, muß das Zurücknehmen in jedem Fall erfolgen.

Für das Zurücknehmen werden die Muskeln der Arme isometrisch mehrere Male gespannt und entspannt. Die Wirkung ist die glei-

Das AT ist maßgeschneidert für moderne Menschen

Der Übende gleitet ohne Willensanstrengung passiv fühlend in das Körpererlebnis

Das Ziel des AT ist, in die Ruhephase zu gelangen. Die Zurücknahme bringt Sie wieder in die Arbeitsphase

che wie beim »Recken – Strecken – Dehnen – Gähnen«.

Wer beim Üben einschläft, braucht nicht zurückzunehmen

Allerdings: Schläft man während der Übung abends ein, so braucht nicht zurückgenommen zu werden.

Ähnlich verhält es sich, wenn Sie zu Hause während des Übens plötzlich gestört werden, beispielsweise durch die Türklingel oder das Telefon. Hierdurch erleben Sie einen Kurzschock, der das Zurücknehmen überflüssig macht.

Die Formeln für das Zurücknehmen können lauten:

»Arme fest – tief atmen – Augen auf«
oder:
»Recken – strecken – dehnen – gähnen«.

Vor der Übung: Sammlung

Ziel ist die Einengung des Bewußtseins und das Sichvorbereiten auf die Übung.

Entspannungs-, aber auch Meditationsübungen, beginnen seit altersher mit der Sammlung, der *Ruhetönung*. In dieser Einstimmung in die Ruhe nehmen das Bewußtsein und der Spannungszustand der Muskeln (auch der Gefäß- und Bronchialmuskeln) ab.

Die Formel für die Ruhetönung lautet:
»Ich bin ganz ruhig« oder
»Ich bin ganz ruhig und gelassen.«

Wer besonders nervös ist, darf sie ändern in:
»Ich bin ganz ruhig und entspannt.«

Vergegenwärtigen Sie sich diese Worte so eindrücklich wie möglich. Stellen Sie sich die angestrebte Ruhe als schon eingetreten vor. Sie erwarten einfach, daß Sie allein durch die Vergegenwärtigung der Ruhetönungsformel ganz ruhig und entspannt sind. Das Wollen lassen Sie dabei außer acht, es handelt sich hierbei um ein passives, wenn auch zielgerichtetes Geschehen.

Die Schwereübung

Ziel ist, die Schwere zu spüren, das heißt die Entspannung der Muskeln. Voraussetzung für jedes Üben ist, daß Sie völlig entspannt sitzen. Die erste Übungsformel lautet: *»Arm ganz schwer.«* Rechtshänder konzentrieren sich dabei auf den rechten Arm. Linkshänder werden den linken Arm wählen, weil sie zu ihm ein besseres Verhältnis haben, also: »Der linke Arm ist ganz schwer.«

Versuchen Sie, sich zu sammeln. Stellen Sie sich mit aller nur möglichen Konzentration auf die jeweilige Übungsformel ein. Dennoch läßt es sich nicht vermeiden, daß plötzliche Einfälle, Ideen, Eingebungen oder Erinnerungen auftauchen. Werden Sie in diesem Fall nicht ungeduldig, sondern richten Sie Ihre Gedanken ohne Willensanstrengung wieder auf die Übungsformel. Wenn Sie ganz und gar nicht bei der Sache bleiben können, mag es angebracht sein, mit dem Training von vorn zu beginnen. Und manchmal werden Sie bei diesem zweiten Versuch ebenfalls keinen Erfolg haben. In diesem Fall verschieben Sie die Übung besser auf einen späteren Zeitpunkt.

Sie sagen sich die Schwereformel etwa sechsmal in Gedanken vor, dann schieben Sie den Satz »Ich

Die erste AT-Übung:

»Ich bin ganz ruhig und gelassen
Arm ganz schwer – ganz schwer – schwer
Arm ganz schwer – ganz schwer – schwer
Ich bin ganz ruhig und gelassen
Arm ganz schwer – ganz schwer – schwer
Arm ganz schwer – ganz schwer – schwer
Ich bin ganz ruhig und gelassen
Arm ganz schwer – ganz schwer – schwer
Arm ganz schwer – ganz schwer – schwer
Ich bleibe ganz ruhig und gelassen«

Zurücknahme:
»Recken – strecken – dehnen – gähnen«

bin vollkommen (ganz) ruhig« ein und lassen wiederum etwa sechsmal die Formel »Arm ganz schwer« folgen.

Die Zeitspanne, in der Sie sich die Schwere vorstellen, ist individuell sehr verschieden. Als Anhaltspunkt mag gelten, daß viele Übende für die sechsmalige Vorstellung der Schwereformel etwa 15 bis 30 Sekunden benötigen. Die Schwereformel – in der ersten Woche jeweils etwa achtzehnmal vergegenwärtigt – und der richtungsweisende Einschub »Ich bin vollkommen ruhig« beanspruchen zusammen gut zwei Minuten. Sollten Sie sich aber während des Übens nicht mehr wohl fühlen, beenden Sie die Übung mit dem Zurücknehmen.

Wenn die Gedanken abzugleiten drohen, können Sie sich die Formeln auch etwas schneller vorsagen. Auch das Herunterleiern ist wirksam.

Mit Sicherheit spüren Sie die Schwere, wenn Sie direkt vor dem Üben beide Unterarme für etwa fünf Sekunden auf die Oberschenkel pressen. Als Reaktion darauf stellt sich sofort die Empfindung von Schwere ein. Das Gefühl der Schwere ist aber auch relativ schnell spürbar, wenn Sie beide Unterarme auf die Knie legen und dann langsam die Hände auf den Oberschenkeln zurückziehen, bis ein kritischer Punkt kommt, an dem Sie das Eigengewicht der Unterarme automatisch fühlen.

Die Wärmeübung

Ziel ist, die Wärme zu fühlen, die Folge der Gefäßentspannung ist.

Im allgemeinen werden Sie nach einer Woche mit der Wärmeübung beginnen – ganz gleich, ob Sie das Gefühl der Schwere erreicht haben oder nicht.

Die Wärmeübung zielt auf eine Gefäßentspannung hin. Wenn Wärme im rechten (oder linken) Arm (Hand) aufgetreten ist, haben sich die Blutgefäße entspannt. Schwere bedeutet dagegen Muskelentspannung. Die neue Formel heißt: *»Hand (Arm) ganz warm.«* Auch hier gilt: Rechtshänder konzentrieren sich auf die rechte Hand, Linkshänder auf die linke.

Übungstext mit der Wärmeübung:

»Ich bin vollkommen ruhig (und gelassen) (1x)
Arm ganz schwer – ganz schwer – schwer (2x)
Ich bin vollkommen ruhig (und gelassen) (1x)
Hand (Arm) ganz warm – ganz warm – warm (2x)
Ich bin vollkommen ruhig (und gelassen) (1x)
Hand (Arm) ganz warm – ganz warm – warm (4x)
Arme und Beine entspannt und angenehm warm (etwa 6x)
Ich bleibe vollkommen ruhig und gelassen«

Zurücknahme:
»Recken – strecken – dehnen – gähnen«

Die beiden ersten Formeln werden bei der Wiederholung zusammengeführt zu »Arme und Beine entspannt (schwer) und warm«

**Die Konzentra-
tion auf die
Wärme in der
Hand hat
physiologische
Vorteile**

Nicht selten kann die Wärme schneller gespürt werden als die Schwere. Wenn sich das Wärmegefühl selbst nach zwei Wochen Üben noch nicht einstellen will, empfiehlt es sich manchmal, kurz vor dem Trainieren ein warmes Armbad zu nehmen oder die Hand auf die warme Heizung zu legen. Die Erinnerung an die dabei erlebte Wärme erleichtert die Realisierung. Keineswegs darf man die Übungsformel abändern in »Hand ganz heiß«, zumindest nicht als Dauerformel. Die Konzentration auf die Wärme in der Hand ist für die meisten Übenden schneller zu erreichen, weil es in der Hand viel mehr »Wärmepunkte« gibt als im Unterarm.

Was geht im Arm vor sich?

Das Schweregefühl im Arm zeigt an, daß sich die Armmuskulatur entspannt hat. Wenn Sie regelmäßig üben, tritt das Gefühl der Schwere schnell und deutlich auf *(Trainingseffekt)*, bis Sie schließlich nur an die Schwere zu denken brauchen, um sie auch schon zu spüren *(erlernter Reflex)*.
Das Gefühl der Wärme dagegen entspringt der Entspannung der Blutgefäßwände. Umgekehrt wird

Worte (Formeln)
haben eine psy-
chosomatische
Wirkung. Das
läßt sich durch
Muskeltests
nachweisen

durch Kühle angezeigt, daß die Blutzirkulation in diesem Teil des Körpers gehemmt ist.

Man hat nun nachgewiesen, daß mit dem Gefühl der Schwere und Wärme auch reale körperliche Veränderungen einhergehen, daß es sich hierbei also nicht um eine Illusion handelt. So kommt es zum Beispiel zu einer Temperaturerhöhung im Arm als Zeichen der Blutgefäßentspannung und der damit verbundenen gesteigerten Blutzufuhr. Mit feinen Spezialthermometern ließ sich nachweisen, daß diese Temperaturerhöhung mehr als zwei Grad betragen kann, an der Hand sogar bedeutend mehr, insbesondere natürlich, wenn die Ausgangstemperatur niedrig war.

Diese Erscheinung machen sich viele autogen Trainierende zunutze, indem sie im Winter auf Handschuhe verzichten, sich bei kaltem Wind erfolgreich Wärme in die ungeschützten Ohren »konzentrieren«, naß und klamm gewordene Füße auf diese Weise rechtzeitig erwärmen oder sogar einen Wintermantel verschmähen, weil sie sich der »inneren Zentralheizung« bedienen können. Aber jeder sollte hier seine Grenzen kennen und sie nicht zu kühn ausloten.

Vernetzung

Das vegetative Nervensystem als Mittler von Impulsen zwischen Körper und Seele ist mit seinem weitverzweigten Nervengeflecht so sehr um die einzelnen Muskelfasern verästelt, daß der Spannungszustand einer Muskelgruppe sich automatisch der benachbarten mitteilt. Wenn sich also die Muskeln eines Armes entspannt haben, kommt es automatisch zu einer Mitbeeinflussung anderer Muskelgruppen.

Ebenso wissen wir, daß sich depressive Verstimmungen und optimistische Hochstimmungen auch im Körperlichen widerspiegeln. Ohne diese Übertragungen könnten die Übungsformeln gar keine Wirkung erzielen. Es ist deshalb durchaus richtig, wenn von einer »Muskelpsyche« gesprochen wird, denn zwischen Persönlichkeit und Bewegungsverhalten bestehen gesetzmäßige Beziehungen. Aber das wußte man selbstverständlich schon zu allen Zeiten.

Wenn Sie das AT für längere Zeit (etwa 30 Minuten) durchführen, wobei allein die Schwereübung ausreicht, kommt es unter anderem zu folgenden Veränderungen (nach Untersuchungen des Würzburger Professors P. Polzien):

▶ Die Herzstromkurve (EKG) normalisiert sich,
▶ die Hirnstromkurve (EEG) tendiert in Richtung Ruhewellen (Alphawellen),
▶ die Magen-Darm-Muskulatur tendiert in Richtung Entspannung und Normalisierung,
▶ die periphere Hauttemperatur steigt an,
▶ die Rumpftemperatur fällt etwas ab,
▶ das Minutenvolumen des Atems sinkt deutlich ab.

Generalisierung

Schwere und Wärme treten im allgemeinen zuerst im ich-näheren Arbeitsarm auf, machen sich aber bald auch im anderen Arm bemerkbar, später auch in den Beinen sowie im ganzen Körper. Man spricht bei dieser sich ausbreitenden und angestrebten Entwicklung von *Generalisierung*. Diese Generalisierungstendenz ist ein psychophysiologisches Phänomen, das unserem Trainingserfolg zugute kommt.

Über 80 Prozent der Übenden spüren das Schweregefühl im ichnahen Arm zuerst, der Rest fühlt es im anderen Arm, halbseitig oder auch wechselnd und diffus im ganzen Körper.

Psyche und Körper bilden eine Einheit, so daß es laufend zu Meldungen zwischen ihnen kommt: zu Transfers oder Übertragungen. Die Seele ist an den Körper gebunden

41

Fernziel aller AT-
Übenden ist das
reflexhafte Auf-
treten von
Schwere und
Wärme im
ganzen Körper

Es gibt zahlrei-
che psychische
Gründe, warum
die Schwere an
anderen Stellen
als im Arm auf-
treten kann

Je erfahrener Sie werden, desto reflexhafter erscheinen Schwere und Wärme. Viele Übende – besonders Kinder und Jugendliche – berichten, daß die Empfindungen von Schwere und Wärme bei ihnen bereits auftreten, wenn sie im Begriff sind, sich zum Training hinzulegen.

Nun kann es aber geschehen, daß das Schweregefühl gar nicht zuerst in dem Arm auftritt, auf den man sich eingestellt hatte. Das hat weniger etwas mit dem Phänomen der Generalisierung zu tun als vielmehr mit nicht immer leicht zu erklärenden Faktoren wie beispielsweise einer unbewußten Oppositionshaltung. Bei einem Fußballprofi trat das Schweregefühl zuerst in seinem rechten Bein auf, von dem sein Lebensunterhalt abhing und das ihm ich-näher zu sein schien als der rechte Arm. Ebenso kann es Schwergewichtssportlern gehen, die gelegentlich das Schweregefühl zuerst im Schulterbereich spüren. Schwermütige oder depressiv Verstimmte sollten deshalb beim Üben das Wort »schwer« durch »entspannt« ersetzen. Das gilt auch für Übende, die an Krampfadern leiden, oder für manche Sportler.

Wenn sich Schwere und Wärme in beiden Armen bemerkbar machen

würden, so argumentieren oft Kursteilnehmer, könnte man doch gleich die Übungsformel »Arme sind ganz schwer« wählen. Das ist im Prinzip richtig und mag auch im Einzelfall gut sein. Aber die Erfahrung zeigt, daß die Übenden dadurch in einen Zwiespalt geraten und sich erst auf den einen und dann auf den anderen Arm konzentrieren. Daher ist es leichter, wenn man sich nur einem Arm zuwendet, eben dem ich-näheren.

Die Herzübung

Ziel ist die Organberuhigung und -normalisierung.

Schon die beiden ersten Grundübungen führen zu einer wirksamen Umschaltung, in deren Gefolge viele funktionelle Störungen eine Besserung, manchmal auch eine Heilung erfahren. Sowohl das Schwere- als auch das Wärmeerlebnis beeinflussen zudem das Herz-Kreislauf-System, indem die Entspannung der Blutgefäße reflektorisch vom linken Arm auf die Herzkranzgefäße übergreift. Damit erhält das Herz mehr Blut und Sauerstoff, und es verlieren sich oftmals Herzschmerzen.

Man kann die Übung der Herzruhigstellung mit der nachfolgenden Atemübung tauschen, wie verschiedene Fachleute mit durchaus einleuchtenden Gründen vorschlagen.

Bei der Herzübung treten unter Umständen Begleiterscheinungen auf, die meist durch Erwartungshaltungen ausgelöst werden. Wenn ein Kursteilnehmer die »Herzstunde« versäumen sollte, ist davon abzuraten, die Herzübung zu Hause allein zu erlernen.

Die neue Übungsformel lautet: *»Herz schlägt ganz ruhig und kräf-* *tig.«* Sie wird jungen Leuten und Kursteilnehmern empfohlen, die einen niedrigen Blutdruck haben.

Den anderen wird geraten, dem Satz »Herz schlägt ganz ruhig und gleichmäßig« den Vorzug zu geben.

Nahezu in jedem Kurs muß man für jemanden eine Formel suchen, die die Arbeit des Herzens unauffälliger kennzeichnet als die beiden angegebenen. Dabei hat sich die Formel »Herz arbeitet ganz ruhig« immer als gut erwiesen.

Das AT fördert die Herzdurchblutung und ökonomisiert die Herztätigkeit

Übungsfolge mit der Herzübung:

»Ich bin vollkommen ruhig und gelassen
Arm ganz schwer – ganz schwer – schwer (2x)
Ich bin vollkommen ruhig und gelassen
Hand ganz warm – ganz warm – warm (2x)
Ich bin vollkommen ruhig und gelassen
Herz ganz ruhig und gleichmäßig (etwa 4x)
Ich bin vollkommen ruhig und gelassen
Arme und Beine entspannt und angenehm warm (4x)
Herz ganz ruhig und gleichmäßig (etwa 4x)
Ich bleibe vollkommen ruhig und gelassen«

Zurücknahme:
»Recken – strecken – dehnen – gähnen«

Ein solcher Übungstext dient als *Vorschlag,* kleben Sie bitte nicht an ihm.

Eine ähnliche Hilfsformulierung für sensible Menschen lautet: »Puls schlägt ruhig und gleichmäßig.«

Auch wenn der Puls erhöht ist, dürfen wir die Herzformeln nicht ändern. Das kann zu Rhythmusstörungen führen

Wenn jemand einen unregelmäßigen Herzschlag hat, der oft psychisch bedingt ist, empfiehlt es sich, den Satz »Herz arbeitet ganz ruhig und gleichmäßig« zu wählen.

Eindringlich warnen alle Autoren davor, die Übungsformel zu ändern in »Herz schlägt ganz ruhig und langsam«. Das Herz reagiert darauf außerordentlich empfindlich, so daß es zu Störungen kommen kann.

Volksmundweisheiten geben Wahrheiten plastisch wieder

Wie fein das Herz auf Empfindungen reagiert, weiß der Volksmund: »Das Herz schlägt mir bis zum Halse hinauf«; »das Herz hämmert zum Zerspringen«; »Kummer drückte ihr fast das Herz ab« oder »nagte an ihrem Herzen«; »das Herz stand still vor Schreck«; »der Vorwurf traf sie ins Herz«; »seinem Herzen Luft machen«; »sich ein Mißgeschick zu Herzen nehmen«; »das Herz höher schlagen lassen«; »dabei krampfte sich mein Herz zusammen«; »sein Herz hingeben« oder auch »verhärten«; »eine Nachricht bedrückt das Herz«; »da wurde mir ganz warm ums Herz« usw.

Das Herz muß nicht unbedingt gespürt werden; wichtiger ist, daß die Aufmerksamkeit auf die Herzgegend gerichtet ist

Sein Herz entdecken

Nur jeder zweite Kursteilnehmer ist sich seines Herzens bewußt; die anderen spüren es lediglich bei körperlichen Belastungen. Aber auch bei psychischer Erregung wird es ganz gewiß laut pochend schlagen. Immer wieder liest man in den Zeitungen, daß sich beispielsweise bei einem dramatisch verlaufenden Fußballspiel ein Zuschauer so stark mit seiner Elf identifizierte, daß ihm »das Herz brach« – er erlitt einen Herzinfarkt. Mit einem gesunden Herzen ist das allerdings nicht möglich.

Wenn man sein Herz nicht spürt, kann man sich verschiedener Tricks bedienen, um es ins Bewußtsein zu bringen. Sein Herz »entdecken« kann man, indem man irgendwo seinen Puls fühlt und sich daran orientiert. Oder man streift sich einen Gummiring über eine Fingerkuppe, so daß der Puls gegen die Abschnürung schlägt. Oder man verstopft sich die Ohren und spürt dann ebenfalls den Puls als verlängerten Herzschlag. Während des Liegens kann man ein Kissen unter den rechten Ellenbogen schieben und die rechte Hand dann auf die Herzgegend legen. Die Hand ist dabei als Wegweiser gedacht, nicht als Abtastorgan. Nicht selten berichten Übende, daß sie ihren Puls am Hals, Hand- oder Ellenbogengelenk spüren, er dient ihnen dann als Leitschlag für das Herzerlebnis.

Die Atemübung

Das Ziel der Atemübung im AT ist die Passivierung der Atmung, das Erlebnis des »Es atmet mich«.

Schon in der zweiten oder dritten Kursstunde berichten manche Teilnehmer, ihre Atmung sei mit wachsendem Trainingserfolg zunehmend ruhiger und gleichmäßiger geworden.

Die neue Übungsformel lautet: *»Atmung ganz ruhig«* oder »Atmung ganz ruhig und gleichmäßig«.
Die Atmung soll sich von selbst entwickeln, man soll sich ihr hingeben »wie beim Schwimmen auf leicht bewegtem Wasser in passiver Rückenlage«. Mit anderen Worten: Wir sollen es atmen lassen. Die willkürliche Atemtätigkeit, das bewußte Atmen, soll vermieden werden. Daher wählte Schultz als unterstützen-

Der Übende
soll nicht aktiv
atmen, sondern
sich der Atmung
überlassen.
Anfangs ist das
nicht ganz leicht

den Einschub die von seinen Teilnehmern gefundene Formel »Es atmet mich«, die weniger als Aufgabe zu verstehen ist denn als Ziel.

Es gibt keine für alle gültige »richtige« Atmung. Auch die Atmung hängt wie alle Organfunktionen von der jeweiligen Gemütslage ab, wie zahlreiche, jedem vertraute Ausdrucksweisen enthüllen: »Vor Aufregung stockt einem der Atem«; »ihr Atem flog bei dieser Nachricht«; »sein Atem ging stoßweise«; »seinen Atem verlieren«; »nach Atem ringen« usw.

Kursteilnehmer fragen regelmäßig, ob sie sich nicht lieber sagen sollen »Atmung *wird* ganz ruhig«, weil sie ja noch gar nicht ruhig sei. Im Prinzip ist das natürlich richtig. Aber unser Organismus reagiert anders, als wir es manchmal annehmen. Mit Hilfe neuerer Muskeltestverfahren läßt sich eindeutig zeigen: Die Formulierung »Atmung (ist) ganz ruhig« wird von unserem Organismus eher akzeptiert als die Formulierung »Atmung wird ganz ruhig«. Das »wird« scheint von unserem Organismus nur als Absichtserklärung aufgenommen

Übungsfolge mit der Atemübung:

»Ich bin vollkommen ruhig und gelassen
Arm ganz schwer – ganz schwer – schwer (2x)
Ich bin vollkommen ruhig und gelassen
Hand ganz warm – ganz warm – warm (2x)
Ich bin vollkommen ruhig und gelassen
Herz ganz ruhig und gleichmäßig, ruhig und gleichmäßig (2x)
Ich bin vollkommen ruhig und gelassen
Atmung ganz ruhig, ruhig und gleichmäßig. Es atmet in mir (2x)
Ich bin vollkommen ruhig und gelassen
Arme und Beine entspannt und angenehm warm (2x)
Herz und Atmung ganz ruhig und gleichmäßig (2x)
Es atmet mich
Ich bin und bleibe vollkommen ruhig und gelassen«

Zurücknahme:
»Recken – strecken – dehnen – gähnen«

zu werden. Daher hat es physiologische Vorteile, wenn man es meidet.

Die PT-Atmung

Ziel der PT-Atmung ist Beruhigung und Entspannung.

Während das AT davon ausgeht, daß ein entspannter Mensch von sich aus die Tendenz hat, »normal« zu atmen, möchte ich im *Psychohygiene-Training* (PT), daß die bewußte Atmung Ruhe in den Organismus bringt.

Die PT-Atmung kann als selbständige Entspannungsmethode angewendet werden, und zwar auch im Streßgeschehen selbst. Es gibt keine schnellere Beeinflussung von Psyche und Körper als durch die PT-Atmung.

Wie jede Atemmethode beginnt auch die PT-Atmung mit einer tiefen Ausatmung; dann läßt man die Einatmung geschehen. Nachdem sie »umgekippt« ist, verlängert man die Ausatmung etwas und macht nach der Ausatmung eine *Pause*, bis die Einatmung wieder von allein notwendig wird.

Achten Sie darauf, daß Sie mit dem Zwerchfell atmen, wobei auch die Flanken- und Rückenpartien »mitatmen«. Die Pause muß erfolgen, damit es nicht zu einer Überatmung kommt (Hyperventilation). Ein Anfänger sollte die PT-Atmung nur etwa zwei Minuten lang anwenden, um dann wieder »normal« zu atmen.

Die PT-Atmung

Einatmung: geschehen lassen
Ausatmung: verlängern, verzögern
Pause (muß unbedingt eingehalten werden)

Anwendung mit Vorsätzen, zum Beispiel:
beim Einatmen – »Heilkraft rein«
beim Ausatmen – »Ungesundes raus«

Die PT-Atmung läßt sich überall anwenden. Es gibt keine tiefere Entspannungsmethode, die dazu noch Sofortwirkung hat.

Die PT-Atmung ist sehr tiefgreifend. Sie kann in vielen Situationen Sofortwirkung bringen: beim nahenden Asthmaanfall, während einer Prüfung, beim Autofahren, vor und während eines schwierigen Gesprächs usw. Überdies lassen sich mit ihr die Entspannungsübungen schneller verwirklichen, wie in meinem Buch »*Einfach entspannen*« ausführlich beschrieben wird.

Die Leibübung

Ziel ist die Entspannung des Bauchraums und die Regulierung der Bauchorgane.

Nachdem wir nun die Gliedmaßen und Brustorgane entspannen können, werden die Bauchorgane mit der Formel »*Sonnengeflecht strömend warm*« oder »*Leib strömend warm*« ruhiggestellt. Wie sehr auch die Bauchorgane von unseren Gefühlen und Empfindungen abhängen, mögen wiederum einige Redensarten zeigen: »Das liegt mir schwer im Magen«; »das ist ja zum Kotzen«; »ihm ist eine Laus über die Leber gelaufen«; »frei weg von der Leber reden«; »mir kommt die Galle hoch«, »Gift und Galle spucken«; »sich grün und gelb ärgern« usw.

Auch die Muskulatur des Magen-Darm-Kanals reagiert sehr fein auf alle unsere Gemütsbewegungen, so daß man sich aus Angst tatsächlich in die Hose machen kann. Umgekehrt kann es bei verkrampften Personen zu einer Stuhlverhärtung kommen.

Selbst die Verdauungsdrüsen registrieren feinste Unterschiede in unserer seelischen Verfassung genauso, wie ein Seismograph die Erdbebenwellen aufzeichnet. Wenn einem also etwas wie Blei im Magen liegt, heißt das, daß die Magendrüsen streiken. Sie fordern: Erst Entspannung, dann klappt die Verdauung.

Jeder von uns weiß, wie schnell Speicheldrüsen auf den Anblick oder den Geruch von Lieblingsspeisen mit einer vermehrten Tätigkeit antworten. Man glaube nicht, die Magendrüsen reagierten weniger fein. Und wer immer noch an der Macht der Vorstellung zweifelt, versuche nur, in Gedanken in eine Zitrone zu beißen – die Reaktion der Speicheldrüsen wird aus einem Saulus einen Paulus machen.

Wir lernen daraus: Nahezu jede Zelle unseres Körpers wird durch das vegetative Nervensystem erreicht, wodurch jede Zelle auch an

Unsere Leiborgane, besonders der Magen, reagieren außerordentlich empfindlich auf unsere Gefühle und Empfindungen

unserer jeweiligen Stimmung teilnimmt. Die Schwelle dieser Mitempfindung ist bei jedem Menschen verschieden; sie kann auch beim einzelnen selbst von Zeit zu Zeit wechseln. Doch immer ist der Körper Ausdruck der Seele.

Wenn ein Mensch häufigen Stimmungsschwankungen unterworfen ist und bewußt oder unbewußt seelische Fehlhaltungen einnimmt, kann der Körper zum Prügelknaben, zum Sündenbock werden. Daher unser konsequenter Versuch, mittels des AT das vegetative Nervensystem einfühlend zu beeinflussen.

Das Sonnengeflecht

Das Sonnengeflecht, auch Solarplexus genannt, gehört zum vegetativen Nervensystem, und zwar ist es sein größtes Nervengeflecht. Es befindet sich hinter dem Magen. Das Sonnengeflecht reguliert die Tätigkeit der Bauchorgane und überträgt unsere Stimmungen.

Subjektiv spüren die Übenden ein angenehmes Wärmegefühl im Oberbauch. Manchmal wird der ganze Leib warm, und hin und wieder fühlt man auch die Wärme zuerst in der Nierengegend.

Wenn sich das Wärmegefühl nach etwa zwei Wochen noch nicht eingestellt hat, behelfen wir uns wieder mit bildhaften Vorstellungen: Stellen Sie sich vor, daß die Ausatmungsluft den Oberbauch verläßt, daß die pralle Sonne auf den Leib scheint, daß Sie etwas Warmes getrunken haben oder daß die von einem Heizkissen ausgehende Wärme in den Oberbauch eindringt. Die meisten Übenden können sich die autogenen Entspannungszeichen oder -reaktionen leichter während der PT-Ausatmungsphase vorstellen. Das gilt insbesondere für das Gefühl der Wärme im Oberbauch.

Die Übungsformel »Sonnengeflecht strömend warm« kann umgeändert werden in »Bauch ganz warm« oder »Magen angenehm warm« oder »Leib strömend warm«.

Unser Körper ist ein Spiegel der Seele. Das AT kann ihn jedoch aus Stimmungsschwankungen befreien

Nicht das Sonnengeflecht wird warm, sondern Organe wie Magen, Darm, Sexualorgane oder deren Umgebung, die von ihm beeinflußt werden

Mit der Leibübung lautet das Trainingsprogramm:

»Ich bin vollkommen ruhig und gelassen
Arm ganz schwer – ganz schwer – schwer (2x)
Ich bin vollkommen ruhig und gelassen
Hand ganz warm – ganz warm – warm (2x)
Ich bin vollkommen ruhig und gelassen
Herz ganz ruhig und gleichmäßig, ruhig und gleichmäßig (2x)
Ich bin vollkommen ruhig und gelassen
Atmung ganz ruhig, ruhig und gleichmäßig (2x)
Es atmet mich
Ich bin vollkommen ruhig und gelassen
Sonnengeflecht strömend warm – strömend warm
– strömend warm (2x)
Ich bin vollkommen ruhig und gelassen
Arme und Beine entspannt und angenehm warm (2–4x)
Herz und Atmung ganz ruhig und gleichmäßig (2x)
Sonnengeflecht strömend warm – strömend warm
– strömend warm (2x)
Ich bleibe vollkommen ruhig und gelassen«

Zurücknahme:
»Recken – strecken – dehnen – gähnen«

Die Kopf- oder Stirnübung

Ziel ist es, die wärmste unbe-
deckte Hautstelle (Stirn) unseres
Körpers zu fühlen (Konzentration)
und zu »kühlen«, das heißt, die
Wärme der AT-Übung nicht auf
den Kopf übergreifen zu lassen.
Die Wechselbeziehungen zwischen Kopf (Verstand) und Gefühl
hat der Volksmund auch hier wieder wunderbar durchschaut: »Aus
Verlegenheit einen roten Kopf bekommen«; »einen klaren Kopf
haben«; »kalter Kopf, warmes
Herz«; »als einziger einen kühlen
Kopf behalten«; »den Kopf halt'
kalt, die Füße warm, das macht
den besten Doktor arm« usw.
Ursprünglich wählte Schultz die
Formel: »Die Stirn ist ein wenig

kühl.« Sie bewährte sich aber nicht so gut wie die heute von den meisten gebrauchte: »Die Stirn ist angenehm kühl« oder ganz einfach: *Stirn angenehm kühl*« oder: *Stirn glatt*«.

Die Kopfübung wird von vielen als etwas leichter empfunden als die vorhergegangenen Übungen. Wenn Sie zu Hause üben, können Sie sich so legen, daß sich Ihr Kopf nahe einer Außenwand oder unter einem Fenster befindet. Von der Außenwand streicht meist ein kühler Hauch über die Stirn und erzeugt die angenehme Kühle, die wir erstreben. Ebenso herrscht meist in jedem Zimmer eine leichte Luftzirkulation, die bei der Konzentration auf die Stirn als Kältegefühl spürbar wird. Um sicher zu sein, daß man hier nicht eine zu starke physikalische Schützenhilfe bekommt, kann man sich mitten im Zimmer hinlegen und kontrollieren, inwieweit nun die Stirn angenehm

Die Verdunstungskühle ist leicht zu fühlen, wenn Sie die Stirn vor dem Üben etwas benetzen

53

Das gesamte Trainingsprogramm kann jetzt so aussehen:

»Ich bin vollkommen ruhig und gelassen
Arm ganz schwer – ganz schwer – schwer (2x)
Ich bin vollkommen ruhig und gelassen
Hand ganz warm – ganz warm – warm (2x)
Ich bin vollkommen ruhig und gelassen
Herz ganz ruhig und gleichmäßig – ruhig und gleichmäßig (2x)
Ich bin vollkommen ruhig und gelassen
Atmung ganz ruhig – ruhig und gleichmäßig
Es atmet mich
Ich bin vollkommen ruhig und gelassen
Sonnengeflecht strömend warm – strömend warm
– strömend warm (2x)
Ich bin vollkommen ruhig und gelassen
Stirn angenehm kühl – angenehm kühl – kühl (2x)
(Nacken angenehm warm – angenehm warm – warm) (2x)
Ich bin vollkommen ruhig und gelassen
Arme und Beine entspannt und angenehm warm (2x)
Herz und Atmung ganz ruhig und gleichmäßig (2x)
Sonnengeflecht strömend warm – strömend warm
– strömend warm (2x)
Stirn angenehm kühl – angenehm kühl – kühl
(Nacken angenehm warm – angenehm warm – warm)
Der ganze Körper ist entspannt und angenehm warm
Ich bleibe vollkommen ruhig und gelassen«

Zurücknahme:
»Recken – strecken – dehnen – gähnen«

kühl wird oder nicht. Denn mitten im Zimmer ist die Luftbewegung erfahrungsgemäß am geringsten.

Vor einer eigenmächtigen Abänderung der Übungsformel, etwa in »Stirn ganz kalt«, warnt Schultz eindringlich. Auf diese Weise können Kopfschmerzen, vor allem Migräneanfälle, ausgelöst werden. Ebenso sind durch fehlerhafte Übungsformeln Zustände heraufbeschworen worden, die vom Schwindelgefühl bis zur Ohnmacht reichen.

Die Nackenübung

Ziel ist, Schwere und Wärme zugleich in der Nackengegend zu fühlen mit der Formel: *»Nacken angenehm warm«* oder *»Nacken weich und warm«*.

Da die Stirnübung »Stirn angenehm kühl« vor dem Einschlafen entfällt, kann sie durch die Nackenübung ersetzt werden.

Beim Trainieren am Tag können Sie die Stirn- und Nackenübung hintereinander durchführen. Zahlreiche Menschen, vor allem Männer, leiden unter Nackenversteifungen, als ob ihnen der Streß oder Feind im Nacken säße.

AT-Formeln für Geübte

Wenn Ihnen die AT-Übungen in Fleisch und Blut übergegangen sind, kürzen Sie sie ab.

»Ruhe – Schwere – Wärme –
Es atmet mich –
Leib strömend warm –
Nacken angenehm warm.«

Zurücknahme:
»Recken – strecken – dehnen – gähnen.«

Oder:
»Ich bin ganz ruhig – gelassen – entspannt – warm.
Ich bleibe ruhig und gelassen.«

Zurücknahme:
»Recken – strecken – dehnen – gähnen.«

Selbstformulierte Übungsformeln können Komplikationen hervorrufen. Die Kopf- beziehungsweise Stirnübung nicht beim Üben vor dem Einschlafen anwenden. Das Einschlafen wird erschwert

55

Ein AT-Übungs-
protokoll zu
führen dient
auch der Selbst-
erziehung

Bitte üben Sie
konsequent und
systematisch,
das ist die beste
Investition in Ihre
Gesundheit

Wer systema-
tisch übt, dem
wird es bald zum
inneren Bedürf-
nis, autogen zu
trainieren

»Protokollarisch« vorgehen

Wenn die Kursteilnehmer ein Übungsprotokoll führen, kann der Arzt aus den täglich notierten Ergebnissen wichtige Rückschlüsse ziehen. Dies gilt besonders, wenn Störungen auftreten oder Übungserfolge sehr lange auf sich warten lassen. Außerdem ist eine exakte »Buchführung« natürlich auch von erzieherischem Wert. Manche Teilnehmer sind mit Recht stolz auf ihre Protokolle, in denen sie später blättern wie in einem Familienalbum.

Der häufigste Fehler beim AT

Der häufigste und schwerste Fehler ist zweifellos das unsystematische Üben. Denn ohne systematisches Üben kann nichts erreicht werden. Nur Übung macht den Meister.
Nicht umsonst ist die Bezeichnung »Autogenes Training« ge-

wählt worden. Gewiß ist es nicht jedermanns Sache, systematisch zu üben. Jedes Training erfordert Charakter. Umgekehrt bildet aber auch jedes Training den Charakter aus. Gerade labile Menschen können sich auf diese Weise in doppelter Hinsicht Hilfe versprechen.

Wer erst einmal eine Zeitlang, vielleicht ein Jahr lang, regelmäßig trainiert hat, dem wird das Trainieren bald zu einem inneren Bedürfnis. Gewohnheiten haben als Spinnweben begonnen, bevor sie zu Drähten wurden – eine alte Weisheit, die sich im modernen Gewand so ausnimmt: Verhaltensweisen, deren ursprüngliche Motivation bestimmte Bedürfnisse waren, können ihren Antrieb in sich selbst finden. Man spricht von einem Rückkoppelungseffekt oder einem Feedback. Auf diese Weise kann die Gewohnheit zur zweiten Natur werden, unter Umständen sich sogar zum Tyrannen entwickeln, wie schon die alten Römer wußten.

III.
Anwendungsgebiete für Gesunde und nicht so Gesunde

Von der relativen Gesundheit

Menschen, die hundertprozentig gesund sind, dürfte es wohl kaum geben. In jedem Augenblick unseres Lebens gewinnen oder verlieren wir ein wenig an Gesundheit. Wenn wir krank sind, besitzen wir immer noch Gesundheit, nur nicht in vollem Umfang.

Gesundheit kann man somit nur quantitativ sehen: Erst mit dem Tod verlieren wir den letzten Rest unserer Gesundheit. Daher dürfen wir sagen: Mit dem AT können wir unsere Gesundheit in jeder Phase unseres Lebens noch vermehren. Darin liegt die große psychohygienische Bedeutung des AT für unser Leben.

Krankheit ist ein Alarmsignal zum Innehalten und Nachdenken: Habe ich etwas falsch gemacht? Was kann ich in Zukunft besser machen als bisher? Krankheit heißt meist: Ich muß mich ändern.

Auf jeden Fall bietet sich neben ausreichender Bewegung, neben knapper und abwechslungsreicher Kost das AT als dritte große Säule der Gesunderhaltung an, als eine sichere Chance, Gesundes zu vermehren und Ungesundes zu verringern.

Seelische Gesundheit heißt in diesem Zusammenhang, zuerst das Gute zu sehen, die Schwächen zu erkennen und dennoch das Positive bei Mitmenschen und nicht zuletzt auch bei sich selbst wahrzunehmen. Das setzt auch eine gewisse Freiheit von Angst voraus sowie eine Freiheit von Haßgefühlen. In diesem Sinne hört man von den autogen Trainierenden häufig Bemerkungen wie: »Ich bin ein ganz anderer Mensch geworden«, »ich fühle mich freier und mutiger«, »ich ruhe jetzt in mir selbst« oder »nichts kann mich mehr erschüttern«.

Kinder haben das AT ebenso nötig wie Erwachsene. In der Schule jedoch bietet sich die PT-Atmung (s. Seite 48) als schnellstwirkende Entspannungsmethode an.

Jeder von uns ist nur relativ gesund; daher kann das AT unsere Gesundheit jederzeit vermehren

Vergessen wir nicht den schönen Satz: »Die Gesundheit der Seele ist die Seele der Gesundheit«

Ein Vorsatz unterscheidet sich von der Absicht durch seine gezielte und in der Entspannung »einverleibte« Anwendung

Der Mensch als anfälliges und gefährdetes Mängelwesen ist darauf angewiesen, nach Hilfen Ausschau zu halten, mit denen er die seelischen Gefahren in der Kindheit, die Unvollkommenheit der Eltern und der Umwelt, die Enttäuschungen im Berufsleben und in der Ehe sowie die Entbehrungen im Alter besser überstehen kann. Kleine Ursachen, beiläufige Bemerkungen zum Beispiel, können gerade in der seelischen Entwicklung schwerwiegende Folgen haben. Würde hier rechtzeitig und systematisch autogen trainiert – die Welt wäre ein wenig besser, das Zusammenleben angenehmer.

Von der Absicht zum Vorsatz

Wünsche und Absichten können wie schwache Vorsätze wirken. Eine schlafende Mutter kann den größten Straßenlärm überhören, das leise Wimmern ihres Säuglings aber wird sie sofort hellwach machen, weil sie motiviert ist, ihrem Kind zu helfen. Von einem Babysitter kann man ein so promptes Aufwachen nicht erwarten.

Viele Menschen, die eine Dienstreise antreten wollen und aus diesem Grund ausnahmsweise besonders früh aufstehen müs-

sen, wachen tatsächlich zur beabsichtigten Zeit auf, weil sie sich darauf eingestellt hatten. Ozeansegler haben vielfach berichtet, daß eine falsche Bewegung des Bootes oder eine sich ändernde Segelstellung sie sofort aus dem Schlaf gerissen habe. Das geschieht um so eher, je lebensgefährlicher das Geschehen ist oder je mehr Verantwortung die Betroffenen zu tragen haben. Stark motivierte Absichten wirken auch ohne besondere Vorbereitung. Mit Hilfe der AT-Vorsatzbildung kann jedoch jeder diesen inneren Kopfuhr-Mechanismus erwerben oder vervollkommnen: »Nach festem (ruhigem) Schlaf bin ich um fünf Uhr wach.«

Oder wer sich bei Gefahr für Fremdgeräusche sensibilisieren will: »Fremdgeräusche wecken mich sofort.«

Suggestionen sind letztlich Autosuggestionen

Wir sind tagtäglich Suggestionen ausgesetzt. Der russische Psychiater Wladimir Bechterew (1857–1927) sagte einmal über die Suggestion: »Der von einem anderen stammende Gedankeninhalt schleicht sich wie ein Dieb in der Nacht ins Haus ein und verläßt es am Tag als Hausherr verkleidet.« Eine Suggestion, die ins Unbe-

Sich sensibilisieren für etwas, sich empfindsam machen – das kann man mit dem AT kultivieren

61

Was meinen
Wertvorstellun-
gen wider-
spricht, kann mir
auch nicht sug-
geriert werden

wußte gelangt, kann also als Ei-
genprodukt wieder auftauchen.
Das geschieht unter Umgehung
des Bewußtseins.

Wenn Suggestionen in der Hypnose gegeben werden, sind sie
besonders wirkungsvoll. Diesen
posthypnotischen Suggestionen
entsprechen die Vorsätze im AT.
Sie können bei richtiger Aus-
führung tatsächlich eine »hypnoti-
sche Kraft« besitzen.

Vorsätze fassen ist leicht

Ein Vorsatz ist
wie ein Aal: Ihn
fassen ist leichter
als ihn halten
(Volksmund)

Im AT arbeiten wir mit *formelhaften Vorsätzen*. Sie sollen griffig
und plakativ sein. Bildlich gesprochen: Man muß sie in die Hosen-
tasche stecken können und sie
nicht als Drachen in der Luft
schweben lassen.

Vorsätze behält man für sich; sie
betreffen nur uns allein. Wer sie
ausplaudert, schwächt seine Position. Vorsätze leben, sie ändern
sich mit den erreichten Nahzielen.

Die abendliche
Einschlafphase
ist die beste
Zeit für das
Einprägen von
Vorsätzen

Lebensziele können ermutigende
Lebensbegleiter sein.

Wie verankert man formelhafte Vorsätze?

Wenn Sie mit Ihrem bisherigen
Trainingserfolg noch nicht so recht
zufrieden sind, können Sie sich die
Kraft der Vorstellung mit Hilfe der
Autosuggestionen besonders gut
zunutze machen. Dazu bedienen
Sie sich der formelhaften Vorsätze.

Im allgemeinen wird man die
abendliche AT-Sitzung vor dem
Einschlafen für das Einprägen der
Suggestionsformeln bevorzugen.
Sobald man die Entspannung beherrscht, wird man sich die formelhaften Vorsätze während einer
Sitzung etwa zehn- bis dreißigmal
so intensiv wie möglich »einverleiben«. Sie müssen regelrecht im
Unbewußten »vergraben« werden, damit sie später aus dem
Unbewußten wirken können. Je
tiefer man sich versenkt, je mehr
man die Außenreize abschaltet,
desto besser lassen sich die Vorsätze verankern.

Hier bleibt viel Spielraum für individuelles Vorgehen. Das Einprägen
von Suggestionen ins Unbewußte
können Sie fördern, indem Sie die
formelhaften Vorsätze mit der Aus-
atmungsphase verbinden.

Wenn Sie während des Übens
etwa durch Lärm gestört werden,

können Sie Ihre Vorsätze auch herunterleiern. Die Wirkung mag dadurch zwar ein wenig verwässert werden, sie ist aber dennoch vorhanden. Schon Freud wies darauf hin, daß ständige Wiederholung ein Mittel sein kann, das Unbewußte zu erreichen.

Nach einer kurzen Störung oder Unterbrechung des Trainings werden Sie nicht alle Grundübungen wieder von vorn beginnen müssen. Häufig wird es so sein, daß mit dem Beginn der formelhaften Vorsatzbildungen der Reflex Ruhe – Schwere – Wärme usw. automatisch abläuft. Nicht nur das: Wer stets am selben Ort übt, wird erfahren haben, daß diese »Platte« schon beim Einnehmen der Übungsstellung abläuft. Der Erfahrene kann daher oftmals auf die Grundformeln verzichten, wenn er es eilig hat. Er beginnt dann sofort mit dem Einbauen seines Denkspruchs. Anfängern ist diese Praktik allerdings nicht zu empfehlen.

Grundsätzlich empfiehlt es sich, jeweils nur einen formelhaften Vorsatz »einzubetten«. Dennoch haben sich experimentierfreudige Teilnehmer auch mehrere Vorsätze in einer Sitzung vorgenommen – mit gutem Erfolg. Am besten verbinden Sie in diesem Fall die Formelinhalte in einem einprägsamen Vers oder Satz miteinander.

Welche Vorsätze wirken am besten?

Die erste Empfehlung lautet: *Formelhafte Vorsätze sollen kurz sein.*

»Kurs West«, »ich schaffe es« – knapper ließen sich meine Vorsätze nicht formulieren. Diese kommandoartige Kürze hat Vorteile, wie sich den Berichten von Übenden entnehmen läßt. Selbstverständlich können Sie jedoch auch lange Vorsätze wählen.

Die zweite Empfehlung lautet: *Formelhafte Vorsätze sollen möglichst positiv formuliert sein.*

Aber schon Schultz trat der verbreiteten Auffassung, daß nur positive Suggestionen wirken, entgegen und wies darauf hin, daß sowohl Verbote als auch Gebote von Nutzen sind. Bevor Sie jedoch ein Verbot als formelhaften Vorsatz wählen, sollten Sie sich überlegen, ob Sie Ihr Anliegen nicht auch genausogut positiv ausdrücken können. Wer also »Nicht aufgeben« wählt, könnte als Alternative »Durchhalten« nehmen.

Auch das Herunterleiern der Vorsätze zeigt noch Wirkung

Kurze Vorsätze wirken intensiver und sind einprägsamer als lange

Man kann sich auch mehrere Vorsätze zugleich »einimpfen«

Wenn verneinende Vorsätze ein positives Ziel vor Augen haben, sind sie nicht »negativ«

Wenn der Wort-
laut der Vorsätze
nicht zu uns
paßt, kann es
Sperren geben,
die eine Wirkung
erschweren

Vorsätze sollten
rhythmisch und
präzise formu-
liert sein und das
Hauptsymptom
treffen

Wenn bildhafte
Vorstellungen
(Visualisierung),
die den Erfolg
vorwegnehmen,
einen Vorsatz
begleiten,
hat das große
Vorteile

Letzten Endes aber soll immer das persönliche Gefühl entscheiden.

Und damit kommen wir zu einer weiteren Forderung: *Formelhafte Vorsätze sollen der eigenen Persönlichkeit entsprechen.* Damit hängt eng die Forderung zusammen, daß sie auch *situationsgerecht* sein sollen. Man muß sie also manchmal ändern.

Rhythmisch formulierte Vorsätze prägen sich im allgemeinen leichter ein. Es ist ein großer Unterschied, ob ich sage: »Ich schlafe nachts ganz fest und ruhig« oder »Ich schláfe des Náchts ganz rúhig und fést«. Mit einem rhythmisch ausgewogenen Satz können Sie sich besser identifizieren, er wirkt intensiver, Sie können sich auf ihn auch besser konzentrieren.

Das gilt ebenso für die *sich reimenden Vorsätze.* Manchmal mögen sie ein wenig erzwungen erscheinen, aber für unsere Zwecke sind sie hervorragend geeignet.

Noch wirksamer können Vorsätze werden, wenn Sie ihnen den *Stabreim* »Worte wirken weiter« beifügen. Betonen und dehnen Sie dabei das »W« leicht, um das Ganze einprägsamer zu machen.

Stabreime werden gern gewählt. Eine 38jährige Angestellte entschied sich für den Vorsatz »Ich lérne zu lében und liében« und meinte, durch ihn lebensfroher geworden zu sein. Ein 26jähriger Universitätsassistent glaubt sich durch den Vorsatz »Lerne lebenslang« besonders gut auf seine wissenschaftliche Laufbahn eingestellt und viel Zeit gespart zu haben.

Für die Praxis ist der Hinweis von Schultz besonders wichtig, wonach es gilt, »Einstellungen anzuregen, die nicht Kampf und Spannung, sondern *Indifferenz* ergeben«. Man wird sich also nicht sagen: »Ich rauche nicht mehr«, sondern: »Zigaretten ganz gleichgültig«. Diese Indifferenzformel wird vor allem dort bevorzugt, wo Gefühlszustände besonderer Intensität zugrunde liegen.

Wie man sehr schön verschiedene Absichten in einem Vorsatz miteinander vereinigen kann, beweist ein ganz und gar ernst gemeinter, aber bei den anderen Kursteilnehmern jedesmal lautes Lachen erzeugender Vers einer 65jährigen Frau:
»Schlafe tief in der Nacht,
bin um sieben erwacht,
alle Angst ist vorbei,
ich bin fröhlich und frei.

Habe im Darm keine Stauung, sondern glatte Verdauung.«

Vorsätze sollten *humorvoll* sein. Humor gehört zu den besten Möglichkeiten, sich und andere zu ändern und weiterzubringen.

Erholung »auf Kommando«

Wenn wir heute auch viel weniger zu arbeiten brauchen als unsere Vorfahren, so müssen sich doch viele von uns in ihrer Freizeit um Weiterbildung bemühen. Sie kommen deshalb nur selten zum Ausruhen und Entspannen. Andere wiederum unterliegen dem weitverbreiteten Irrtum, sie könnten sich im Bierlokal oder vor dem Fernsehschirm erholen. Ihnen allen tut echte Erholung, wie sie das AT vermittelt, gut.

Jedes autogene Trainieren bringt Erfolg. Bei vielen Übenden macht sich das schon in der einfachen Muskelentspannung der ersten Stunde bemerkbar. Andere spüren diese Wirkung erst später. Könnern gelingt es, durch die Tiefenentspannung schon nach wenigen Minuten völlig frisch und ausgeruht zu sein. Natürlich werden durch ein solches »Aufladen« auch Leistungen jeder Art gesteigert.

Das ist vor allem für Berufstätige interessant. Sie können binnen weniger Minuten – in einer Sitzungspause, in der Mittagszeit, im Taxi während der Fahrt zum Flugplatz, im Fond ihres Dienstwagens, ja auch während eines Vortrages – wieder frisch werden. Das kann durch einfaches Trainieren geschehen, am besten aber, wenn es mit Vorsatzbildung verbunden ist.

Im allgemeinen genügt es, wenn man kurz vor der zu erwartenden Müdigkeit – gegen zwei Uhr nachmittags beispielsweise – im Liegen übt oder kurz schläft, um wieder fit zu werden. Viele Kursteilnehmer schöpfen daraus Kraft. Wer diese Pause auf zwanzig Minuten ausdehnen kann, tut zusätzlich etwas für seine Wirbelsäule: Die Zwischenwirbelscheiben laden sich durch Osmose und Diffusion wieder auf.

Das schnelle Sich-erholen-können, das schnelle Abschaltenkönnen, das Abwehren von wirklichen oder auch nur vermeintlichen Gefahren, die schnelle Umschaltung von der Spannungs- in die Entspannungsphase, das alles spielt in der Tat eine größere Rolle für unsere Gesundheit, als viele bisher annahmen. Zwar wußten schon die alten Römer,

Es ist tröstlich zu wissen, daß unser Organismus besser auf Humor reagiert als auf Befehle

Jede AT-Übung vermehrt unsere Gesundheit, das kann man heute durch Messungen nachweisen

Die mittägliche Regenerationszeit sollte uns heilig sein

Die Fähigkeit, sich schnell zu erholen, ist überlebensnotwendig

daß der Mensch weniger an Krankheiten als an seinem Charakter stirbt, wie auch der Volksmund weiß, daß der Mensch nicht stirbt, sondern sich umbringt, aber erst seit kurzer Zeit kennen wir die genaueren Zusammenhänge. Einige Psychologen behaupten schlicht, rund zwei Drittel aller Menschen in den Industrieländern würden sich totärgern und durch Streß sterben. Doch was ist Streß?

Vom krankmachenden Streß

Negativen Streß sollte man meiden oder bewältigen

»Das Leben meistern – gekonnt hat's keiner«, meinte einmal ein Dichter. Wesentlich ist nur, daß wir uns unserer Schwächen bewußt sind und zielstrebig etwas dagegen unternehmen. Mit dem AT können wir es. Das gilt vor allem für den Alltagsärger. Wir unterschätzen ihn, wie die Forschungsergebnisse von Hans Selye, dem inzwischen verstorbenen Streßforscher, beweisen.

Ursprünglich bezeichnete Selye die Reaktion auf Belastungen der verschiedensten Art als Streß. Die Streßquellen oder -faktoren nannte er Stressoren; zu ihnen gehören zum Beispiel Haß, Neid, Ärger, Mißgunst, Lärm, Rauchen. Bei Rattenversuchen war ihm aufgefallen, daß die Tiere auf die verschiedenartigsten Stressoren wie Kälte, Lärm, Gift, Behinderung usw. körperlich stets gleich reagierten.

Was aber für die Laboratoriumsratte Kälte oder Lärm bedeutet, kann für eine Sekretärin der Chef sein und für ihre Kollegin die Schwiegermutter. Sie reagieren auf die Stressoren »Chef« und »Schwiegermutter« mit einem Ansteigen des Blutdrucks, des Blutzuckerspiegels und der Magensäureausscheidung sowie mit Gefäßverengung usw. Sobald sie nun glauben, die Situation habe sich beruhigt, klingt das Alarmstadium ab. Wenn jedoch der Streß anhält, geht das Alarmstadium in das Resistenzstadium über und

Bei chronischem Streß reagiert der Körper mit folgenden Hauptsymptomen: Vergrößerung der Nebennieren (Produktion von Streßhormonen), Schrumpfung der Lymphknoten und der Thymusdrüse sowie mit Magen-Darm-Geschwüren. Chronischer Streß hat letztlich immer Krankheit zur Folge.

schließlich bei Fortdauer der Streßsituation in das Erschöpfungsstadium, das zu Krankheit führen kann. Nun glaubt Selye, jeder Mensch habe eine bestimmte Reserve an Lebensenergie mitbekommen. Wird diese in einem Leben voller Streß schnell verbraucht, so kann es zu vorzeitigem Altern kommen.

Für Selye sind Haß, Ärger, Angst und Frustrationen die schlimmsten Stressoren. Er führt ein Beispiel an: Plaziert man einen Käfig mit einer Maus darin neben einen mit einer Katze, so stirbt die Maus nach kurzer Zeit. Ob aus Dauerangst, Erschöpfung oder Zusammenbruch der vegetativen Reaktionen – ganz gleich, wie man es sehen will: sie ist mausetot.

Zuweilen scheinen sich Menschen in einer ähnlichen Lage zu befinden. Manchmal fühlt sich ein gehemmter Mensch von seinem Chef so sehr unterdrückt, daß er sich wie die Maus im Käfig vorkommt. Auch er kann sich aus vielerlei Gründen nicht wehren – das glaubt er wenigstens. Um nun nicht den Weg in die Krankheit gehen zu müssen, hat ein solcher Mensch die Wahl zwischen Abschalten, beispielsweise durch intensiv betriebene Hobbys, und Umschalten durch ein systematisch durchgeführtes AT. Eine andere Möglichkeit ist die vom Verstand geleitete Streßbewältigung, die darin besteht, daß man versucht, die Streßquelle, zum Beispiel Lärm, zu beseitigen.

Die psychologische Perspektive

Psychologische Aspekte in den physiologischen Mechanismen der Streßwirkung auszumachen ist nicht so einfach; dafür ist die Vielfalt der psychologischen Stressoren zu groß. So nehmen einige Fachleute an, psychologische Faktoren seien nur dann als Stressoren zu werten, wenn sie als lebens- oder gesundheitsbedrohend empfunden werden. Demnach befindet sich ein Mensch in einem Streßzustand, wenn er fühlt, daß er alle Energie, die er besitzt, zu seinem Selbstschutz aufwenden muß. Ganz entscheidend ist nun, wie ein Mensch den Streß bewertet. Was für den einen höchster Alarm ist, schiebt ein anderer ohne Pulserhöhung von sich.

Nach Meinung einiger Psychologen kann man auch nicht einfach Angst als Streß bezeichnen; und das gleiche gilt für Konfliktsituationen, Erregungszustände oder Frustrationen, um nur einige Beispiele

Hobbytätigkeit und Umschalten durch AT in die Erholungsphase bewirken Streßabbau

Jeder reagiert auf Streß qualitativ gleich, dagegen quantitativ sehr verschieden

Eine Streßquelle (Stressor) kann objektiv meßbar sein. Aber ob wir sie positiv oder negativ belegen, hängt nahezu immer von uns selbst ab, so daß ein ganz wichtiger Richtsatz heißt:

Ich werde gestreßt, weil ich ein Ich habe. Denn ob ich mich stressen lasse, hängt von mir selbst ab. Die Aussage »Ich werde gestreßt« trifft nur bei Einwirkung von Lärm oder Gift und in wenigen anderen Fällen konkret zu. Meist muß es heißen: »Ich lasse mich stressen.«

Gesundheits-kost und -sport sind Eustreß. Aber ein Leben nur in Eustreß wäre ein wohl unerträgliches Paradies

zu nennen. Es kommen stets noch Faktoren hinzu, die ererbt und personengebunden sind. Auf jeden Fall erkennen die Psychologen an, daß langandauernde Streßreaktionen zu grundlegenden chemischen Veränderungen im Körper führen können.

Disstreß in Eustreß umwandeln

Nicht bewältigter psychologischer (sozialer, moralischer, sexueller, finanzieller usw.) Streß kann zu psychosomatischen Erkrankungen führen. Nicht jeder Streß macht jedoch krank. An und für sich sei Streß das Salz des Lebens, meint Selye. Das wäre dann der positive, der Eustreß, der absolut lebensnotwendig ist. Das Wort »Streß« ist inzwischen international geworden, man kann es aus dem lateinischen Verb *stringere* (spannen, fordern) ableiten. Arbeit ist also an und für

sich ein Eustreß, eine alltägliche Anforderung. Unser Partner sollte nach Möglichkeit ein Eustressor sein. Nun weiß aber jeder, daß sowohl die Arbeit als auch der Partner gelegentlich eine negative Streßquelle sein können, ein Disstressor, abgeleitet von *disstringere* (auseinanderziehen, foltern).

Wie kann ich meinen Chef verändern?

Durch das AT kann selbst ein gehemmter Mensch so selbstsicher werden, daß nicht nur er seine Einstellung gegenüber seinem Chef ändert, sondern daß auch der Chef ihn künftig respektvoller behandelt. Dazu das Beispiel einer 41jährigen Sekretärin: »Seit Jahren hat mich mein Chef ausgenutzt; häufige Überstunden hielt er für selbstverständlich. Da ich das nicht mehr aushalten konnte, eine andere Stellung aber nicht in

Frage kam, suchte ich nach einem Ausweg. Freunde berichteten mir vom AT. Die Übungen lernte ich schnell. Als Vorsatz wählte ich: ›Ich bin vollkommen ruhig und gelassen, Arbeit wichtig, Chef gleichgültig.‹ Ich spürte schon nach wenigen Wochen, wie ich freier wurde, und wie der Druck über der Brust wich. Mein Chef ist viel höflicher geworden; er bedankt sich, wenn ich länger im Büro bleibe, und bittet mich jetzt immer vorher darum. Nie hätte ich geglaubt, daß sich das AT auch so auswirken kann.«

Das durch Krankheit bedingte Fehlen am Arbeitsplatz läßt sich zu einem großen Teil auf psychosoziale Faktoren zurückführen. Psychische Konflikte spielen also im Betrieb eine wichtige Rolle. Dabei ist natürlich nicht allein der Chef ein krankmachender Faktor; die lieben Kollegen kommen ebenso in Frage. Was kränkt, macht krank – wir wissen es vor allem vom Mobbing. Eine Abwendung einer Kränkung muß aus uns selbst kommen, autogen. Mit kühlem, klarem Kopf wird man sich bei einer Kränkung fragen: »Lohnt es sich zu reagieren?« Wer tagelang mit Groll umhergeht, bestraft sich selbst, auf keinen Fall aber den vermeintlichen Angreifer.

Die Streß-
ursache »Chef« läßt sich ändern, wenn man sich selbst ändert

Mobbing aus Neid oder Mißgunst ist wie eine Körperverletzung ein besonders schwerer Streß

Streß am Arbeitsplatz

Auch in kleineren Betrieben kann man beobachten, daß die Mitarbeiter als Objekte angesehen werden und nicht als individuelle Persönlichkeiten. Das Gefühl der Anonymität, das Bewußtsein, nichts als eine Nummer zu sein, belastet. Der Arbeitsplatz wird zum notwendigen Übel. Dabei hat vernünftige Arbeit noch keinen umgebracht; es sind berufliche Enttäuschungen, Zurücksetzungen, Benachteiligungen, die einen überfordern und die Fehlreaktionen und vor allem Angst zur Folge haben. Auch heute noch gilt das Wort: »Unser Leben währt siebzig Jahre, und wenn es hoch kommt, so sind es achtzig Jahre, und wenn es köstlich gewesen ist, so ist es Mühe und Arbeit gewesen.« Zu einem erfüllten Leben gehört der heilsame Streß.

Nur durch Eustreß kommt der Mensch zu einem erfüllten Leben

Die Gemütserregung als Krankheitsfaktor

Daß handfester Ärger physiologische Veränderungen auslöst, wissen wir. Aber daß auch gedanklich nacherlebter und erwarteter Ärger körperliche Folgen hat, sollte man sich vor Augen halten, wenn man beginnt, erregt oder ärgerlich zu

Bitte nicht vergessen: Auch gedanklich nacherlebter Ärger ist Streß

werden. Dabei muß der Begriff des Ärgers weit gefaßt werden: Jede frustierende Situation gehört dazu, jedes Nichtbeachten von Grundbedürfnissen eines Menschen.

Im Blut kommt es dann durch zentralnervöse Steuerungen zu Veränderungen, beispielsweise zu einer vorübergehenden Vermehrung der weißen Blutkörperchen. Man spricht hier von einer Affektleukozytose, die übrigens bei Angst vor einer Operation ebenfalls auftreten kann.

Es wird also einleuchten, daß wiederholter blinder Alarm nicht unbedingt gut für den Körper ist und daß man die Folgen dieser Reaktionen im allgemeinen erst spät im Leben zu spüren bekommt. Jetzt wird manchem wohl auch klar, daß das oft kritisierte Verschreiben von Beruhigungspillen eine gewisse Berechtigung hat. Aber das sollte den Patienten auf keinen Fall davon abhalten, sich um ein aktives Eingreifen zu bemühen. Und hier ist das AT die geeignete Methode. Es gibt kaum einen sichereren Weg, den Körper vor seiner falsch eingestellten Zentrale zu schützen. Schultz spricht in diesem Sinn von einer »Resonanzdämpfung der Affekte«. Die

Affekte oder die Gemütserregungen dämpfen – diese Aufgabe kann mit Hilfe des AT bestens gelöst werden.

Vegetative Dystonie – die häufigste Verlegenheitsdiagnose

Es gibt keine psychischen Erscheinungen ohne vegetative Entsprechungen und keine vegetativen Vorgänge ohne psychische Äquivalente. So entstand der Ausdruck »psycho-vegetatives Syndrom«, eine Bezeichnung, die auf keinen Fall als Diagnose verstanden werden will. Dieses Syndrom begleitet alle krankhaften Vorgänge und Zustände des seelischen und körperlichen Bereichs.

Die vegetative Dystonie ist eine Betriebsstörung des vegetativen Nervensystems. Das Zusammenspiel von Sympathikus und Parasympathikus, das Gleichgewicht dieser beiden Teile des vegetativen Nervensystems, ist gestört; es herrscht ein Ungleichgewicht. Je nachdem, auf welches Organ sich die Störung überträgt, sind die Symptome sehr verschieden. Je bunter die Klagen eines Patienten, desto eher kann im allgemeinen eine solche Störung vermutet werden.

Nahezu alle organischen Krankheiten gehen einher mit vegetativen Erscheinungen wie Schwitzen, Zittern, Unruhe, erhöhter Pulszahl, Temperaturerhöhung, Schlafstörungen und anderen. Auch beginnende psychische Erkrankungen können sich hinter vegetativen Symptomen verstecken. Wer am Leben leidet, verstimmt sein Lebensnervensystem (vegetatives Nervensystem) und kann mit vegetativen Symptomen rechnen.

Entspannung durch das AT fördert in diesem Zusammenhang die Aufbauphase, vorwiegend eine Aufgabe des Parasympathikus, und zügelt überschießende Impulse des Sympathikus, die sonst zu nervösen Störungen führen würden.

Aufmerksamkeit und Konzentration

»Wer seinen Geist auf einen Punkt zu sammeln weiß, dem ist kein Ding unmöglich.« Man nimmt an, daß dieser für unsere Bemühungen so wichtige Satz von Buddha stammt. Und in der Tat ist es so, daß tiefe Konzentration ebenso wie der Glaube Berge versetzen kann. Wir sind in der Lage, Schwierigkeiten, Störungen und unter Umständen auch gewisse

Es gilt, negative Affekte wie Ärger zu dämpfen, aber positive wie Freude zu kultivieren

Die vegetative Dystonie ist meist ein frühes Streßsyndrom, ein Ungleichgewicht zwischen Sympathikus und Parasympathikus

»Aufmerksam-keit ist die höchste aller Fertigkeiten und Tugenden« (Goethe)

Konzentration ist eine zielgerichtete Aufmerksamkeit, die sich trainieren läßt

Krankheiten durch intensive Konzentrationsübungen (Visualisierungen) zu lindern, zu beheben oder zum Verschwinden zu bringen. Nur klagen viele Menschen darüber, sich nicht konzentrieren zu können.

Da es sich bei dem AT um eine konzentrative Selbstentspannung handelt, lohnt es sich, auf den Begriff »Konzentration« näher einzugehen. Konzentration ist eine zielgerichtete Aufmerksamkeit. Sie setzt eine gewisse Reife, Übung, Vitalkraft, Energie, bewußte Einengung des Aufmerksamkeitsfeldes und andere Faktoren voraus. Beeinflußt wird sie unter anderem durch den Ermüdungsgrad, den Hormonhaushalt, durch psychische Faktoren sowie vor allem durch das Interesse an der Sache. Besonders wichtig ist die Konzentration für alle Formen der therapeutischen Beeinflussung im Sinne der Visualisierung sowie der Meditation und Versenkung. Wer sich also schlecht konzentrieren kann, wird das AT im allgemeinen etwas langsamer erlernen als jemand, der sich gut zu konzentrieren vermag.

Aber jeder, der hier an sich zweifelt, sollte sich bewußt werden, daß Aufmerksamkeitsschwankungen völlig normal sind. Wenn der Vormensch in der Lage gewesen wäre, sich so intensiv zu versenken wie ein Yogi, hätten ihn seine Feinde wahrscheinlich schnell ausgerottet. Es gehört also zum Leben dazu, daß unser Gehirn pausenlos alles signalisiert, was in der Umgebung vor sich geht. Wir müssen erst lernen, diese Reize nicht zu beachten. Nur durch dauerndes Üben können wir lernen, alles um uns herum zu vergessen oder »blind« für alles andere zu werden. Sobald uns also das AT »gefangennimmt«, haben wir unser Ziel erreicht.

Natürlich wird man auch die jeweiligen Ursachen für die Konzentrationsschwäche berücksichtigen. Wenn ständige Reizüberflutung vorliegt, kann man die Störfaktoren ausschalten oder auf ein Minimum begrenzen. Darüber hinaus wird man daran denken, daß genügend Schlaf und Bewegung, Therapie und Milieuwechsel zusätzliche Hilfen sein können.

Konzentrations-
steigerung durch AT

Eine Konzentrationssteigerung kann also – außer bei einigen Krankheiten – allein durch Üben erreicht werden. Schon durch die Grundübung des AT wird die Konzentrationsfähigkeit verbessert. Zusätzlich können Sie sich formelhafter Vorsätze bedienen wie »Arbeit (Denk-, Kopfarbeit usw.) macht Freude«, »Lernen gelingt leicht«, »Gedanken haften«, »Arbeiten fällt leicht«, »roter Faden bleibt«, »ich halte durch« usw.

Mit diesen Vorsätzen sollen unbewußte innere Widerstände überwunden werden, und damit wird die Motivation gesteigert. Wenn wir Interesse an der Arbeit haben, wird unsere Aufmerksamkeit von allein zielgerichtet bleiben. Jede tiefgreifende Motivation überwindet wiederum innere Widerstände und Blockierungen.

▶ Formeln/Vorsätze mit der PT-Atmung koppeln,
▶ die Körpergefühlsübung des PT, eine reine Konzentrations-übung, täglich durchführen (siehe Seite 117),
▶ positive Erwartungshaltung einnehmen,
▶ sich nicht dauernd kontrollieren,
▶ die Gedanken den Formeln/Vorsätzen folgen lassen,
▶ falls die Gedanken abschweifen, sie ziehen lassen und das nicht bewerten oder sich darüber ärgern,
▶ sich täglich einmal auf einen Punkt konzentrieren,
▶ in der Gegenwart leben,
▶ zuhören lernen.

Bessere Leistungen
im Sport

Die Konzentration, die Sammlung, ist das Geheimnis so mancher sportlichen Höchstleistung. Auch der vielgerühmte Wille hat sich bei vielen Sportarten der Konzentration unterzuordnen. Sicher, er ist notwendig um zu trainieren und das Pensum durchzuhalten. Bei Ausdauersportarten wie Langstreckenlauf ist er sogar unerläßlich. Aber bei vielen anderen Sportarten kommt es doch auf die Unterordnung des Willens unter die gelassene Konzentration oder die konzentrative Selbstentspannung an.

Das gilt zum Beispiel für das Schießen. So trainierten Olympiasieger im Schießen schon vor dreißig Jahren autogen. Daß die

Aufmerksamkeitsschwankungen sind völlig normal, aber beim AT verlangsamen sie die Realisierung der AT-Formeln

Die Konzentrationsfähigkeit ist im Leben wie im Sport eine Grundbedingung für den Erfolg

Versenkung und damit die Konzentration beim japanischen Bogenschießen von großer Bedeutung sind, weiß man vom Zen-Buddhismus. Die innere Sammlung spielt bei nahezu allen Sportarten eine mehr oder minder entscheidende Rolle. Mit dem letzten Sprung oder Wurf seine vor sich liegenden Konkurrenten zu überholen, das ist ein großartiger Erfolg autogener Konzentration.

Psychische oder körperliche Verkrampfungen führen zu mehr Verletzungen

Im Gegensatz dazu steht die Startneurose. Wenn der Inhaber eines Europarekordes nach drei ungültigen Versuchen ausscheidet, so ist sein Startfieber ein Zeichen für einen Mangel an Reife und Kaltblütigkeit, was durch das AT behoben werden könnte. Auch andere Formen von Lampenfieber wurden mit Hilfe des AT erfolgreich beseitigt.

Disharmonie führt zu Verletzungen

Durch die körperlichen Belastungen des Hochleistungssports steigt das Risiko der Muskel-, Sehnen- und Bänderverletzungen. Wenn seelische Störfaktoren hinzukommen, vergrößert sich dieses Risiko noch mehr. Man spricht von Pechvögeln im Sport und vergißt, daß bei diesen Athleten oftmals Verkrampfungen die Ursache ihrer Verletzungen sind. Wer sich also psychisch und vegetativ stabilisiert, erleidet weniger Verletzungen als der Verkrampfte. Hinzu kommt, daß man durch das AT die Bewegungen harmonisieren und damit ökonomisieren kann. Jede Harmonisierung der Bewegungsabläufe aber macht sich im allgemeinen auch in besseren Leistungen bemerkbar.

74

Einen flüssigen Bewegungsablauf schwieriger Übungen kann man auch erreichen, indem man neben dem üblichen Training in Gedanken übt. Heute ist viel von mentalem Training die Rede. Aber auch das hat es seit eh und je gegeben; denken wir nur an das Bogenschießen. Schwierige Bewegungsabläufe kann man so bis zur Perfektion verbessern. Ob Hammerwerfer, Tischtennisspieler oder Hürdenläufer, nahezu alle Sportler werden durch zusätzliches mentales Üben ihre Erfolge steigern können und tun es auch in der einen oder anderen Form. Daß das mentale Training auch zu körperlichen Reaktionen in den betreffenden Muskelgruppen führt, ist selbstverständlich.

Ohne Freude keine Leistung

Ganz wesentlich ist es, nachlassende Trainingsfreude neu zu wecken sowie Motivation und Leistungsbereitschaft ganz allgemein zu stärken, indem man sich Vorsätze folgender Art einprägt:

»Training (Leistung) macht frei und froh.«

»Training (Laufen usw.) ist Freude«

»Training bringt Spaß, ich trainiere konsequent.«

»Ich schaffe es« oder »ich trainiere mit Lust und Liebe.«

»Ich laufe ganz flüssig, frei und locker.«

»Ich stoße ganz flüssig und kraftvoll.«

»Ich werfe ganz flüssig, frei und kraftvoll.«

»Ich starte schnell und flüssig.«

Trainieren in der Vorstellung – sogenanntes mentales Training – ist unerläßlich für Erfolgshungrige

75

»Ich springe frei und weit und flüssig.«

»Ich springe frei und hoch und locker (flüssig).«

»Gegner gleichgültig, ich bleibe im Rhythmus« oder »ich laufe locker und gebe alles.«

Es gibt keinen Wettkampf, keine Expeditionsreise oder andere Unternehmung, die nicht durch geeignete formelhafte Vorsätze noch erfolgreicher durchgeführt werden könnten.

Mobilisierung unerschlossener Leistungsreserven?

Diese Frage ist für den Sportler außerordentlich wichtig. Daß es tatsächlich solche Reserveenergien gibt, zu denen man im allgemeinen keinen Zugriff hat, wissen wir aus Geschichten wie dieser: Beim Reparieren eines amerikanischen Straßenkreuzers gerät ein junger Mann plötzlich unter ein Wagenrad. Sein Vater will ihm zu Hilfe eilen und holt, da er weiß, wieviel ein solcher Wagen wiegt, den Wagenheber. Auf die Hilferufe hin kommt die Mutter des Verunglückten herbeigelaufen, greift sofort zu und hebt den tonnenschweren Wagen so weit an, daß ihr Sohn sich be-

freien kann. Die Angst um den Sohn hatte ihr übermenschliche Kräfte verliehen.

Starke Affekte können – und dafür gibt es viele Beispiele – Kräfte freilegen, über die man willentlich nicht verfügt. Rund 70 Prozent der menschlichen Arbeitskapazität sind, so lehrt die Arbeitsmedizin, verfügbar, die restlichen 30 Prozent sind Reserven für den Notfall. Der Sportmediziner Ludwig Prokop berichtet von Beobachtungen, die den Schluß zulassen, daß auch eine tiefe Motivation die psychische Leistungssperre durchbrechen kann.

Nun unterliegt aber auch die Leistungsbereitschaft – die Motivation ist nur einer ihrer Faktoren – gewissen, zum Teil voraussehbaren Schwankungen. Und sie lassen sich durch das AT ausgleichen.

Leichtere Gewichtsabnahme

Häufig werden die Voraussetzungen für ein späteres Übergewicht schon in die Wiege gelegt. Und aus dicken Kindern werden dicke Erwachsene. Fettpolster sind eine lebenslange Last. Schon das Baby erfährt den Zusammenhang zwischen Nahrungsauf-

Übermenschliche Kräfte können durch starke Affekte freigesetzt werden

Tiefe Motivation durch AT erschließt Leistungsreserven

nahme und zärtlicher Zuwendung. Liebe und Nahrungsaufnahme werden gleichgesetzt. Auf Mangel an Liebe reagieren daher viele Erwachsene mit Heißhunger auf ihre Lieblingsspeisen. Das AT setzt die Frustrationsgrenze hier ein wenig herauf. Die Gefährdeten greifen nicht mehr so schnell in die Kalorienkiste.

Als formelhafte Vorsätze bieten sich an:
»Ich bin ganz ruhig, gelassen und satt.«
»Alkohol (Süßigkeiten usw.) ganz gleichgültig.«
»Wirtshäuser (Cafés) ganz gleichgültig.«
»Ich bin ganz froh und frei, gelassen und satt.«
»Ich bin ganz froh und frei und satt.«
»Abstinenz (von Alkohol, Süßigkeiten) macht frei.«

Darmschwierigkeiten

Die autogenen Grundübungen haben vielen geholfen, eine Verstopfung zu überwinden. Man darf sogar behaupten: Wer das AT beherrscht, kann kaum verstopft sein. Nötigenfalls bringen formelhafte Vorsätze für ganz hartnäckige Fälle Erlösung und Entlastung:

»Verdauung geschieht eine halbe Stunde nach dem Aufstehen.«
»Darm arbeitet ruhig und pünktlich.«
»Verdauung folgt dem Wecken.«
»Leib bleibt ganz locker« (bei Darmkoliken).
»Ich bin vollkommen ruhig und gelassen, Leib strömend warm und ganz entspannt.«
»Enddarm behält« (bei Durchfall).

Befreiung von Schlafmitteln

»Nach der Ruhigstellung ist die häufigste und dankbarste Anwendung des Trainings in der Wiedererlernung der Schlaffunktion gegeben«, schreibt Schultz. Die Mehrzahl der Kursteilnehmer schläft schon während des abendlichen Trainierens ein, die letzten Übungen werden gar nicht mehr durchgeführt. In hartnäckigen Fällen kann man durch geeignete formelhafte Vorsätze noch mehr tun.

Dazu zwei Beispiele: Eine 37jährige Hausfrau (Schlaflosigkeit, Nervosität, Ekzem) wählte den Vorsatz »ich schlafe ruhig, fest und tief« und berichtete: »Ich schlafe jetzt schnell ein und kann durchschlafen.« Ein Beamter, 46 Jahre, (Schlafstörungen, Nervosität, Magengeschwüre) prägte

Erziehen Sie Ihren Darm, Vorsätze und Entspannung helfen dabei

Schwere-, Wärme- und Sonnengeflechtübung sind für viele die besten Wege zum Einschlafen

77

sich mit Erfolg die Vorsätze ein »ich schlafe durch bis halb sieben« und »tagsüber keine Zigaretten«.

Formelhafte Vorsätze bei Schlafstörungen
1. Einschlafstörungen:
»Gedanken sind ganz gleichgültig.«
»Ich schlaf' schnell ein, so soll es sein.«
»Unterkiefer locker, gelöst, Zungenboden locker, Augenlider ganz schwer« (jeweils 1x).
»Sonnengeflecht strömend warm« (etwa 6x).
»Schlaf ganz gleichgültig, Ruhe wichtig.«

2. Durchschlafstörungen:
»Ich schlafe tief und fest die Nacht, bis ich um sechs erwach'.«
»Erwach' um sechs Uhr dreißig ganz frisch, munter und fleißig.«
»Ich liege und schlafe ganz mit Frieden.«
»Ich schlafe gut und tief und ohne Sorgen und erwache frisch und gestärkt am Morgen.«
»Ruhen – Schlafen – Frieden …«.

3. Für Nacht- und Schichtarbeiter, Seeleute, Flugpersonal usw.:
»Ob spät, ob früh, ich schlafe ohne Müh'.«
»An jedem Ort, zu jeder Zeit bin ich sogleich zum Schlaf bereit.

Wo immer ich zu schlafen hätt', ich schlafe wie im eignen Bett.«

»Lärm ganz gleichgültig«

Wenn wir selbst Lärm erzeugen, stört er uns wenig. Erst wenn die Umwelt lärmt, werden wir hellhörig, dann belästigt und quält er uns, dann beeinträchtigt er unser Wohlbefinden. Dauerlärm kann uns so sehr auf die Nerven gehen, daß der Körper notgedrungen zur Abwehr schreitet. Vegetative Symptome treten in Erscheinung, anfangs nur vorübergehend, später jedoch auch während der lärmfreien Zeit. Oder aber der Körper will den Lärm nicht mehr zur Kenntnis nehmen: Man wird schwerhörig.

Der Lärm wirkt über das Zentralnervensystem auf die vegetativ gesteuerten Organe und damit auf den gesamten Organismus. Unsere körperliche, seelisch-geistige und soziale Gesundheit wird untergraben. Im Alltag gibt es kaum einen größeren Störfaktor als den Lärm. Wir alle müssen ihn bekämpfen, wo wir nur können.

Wenn Sie durch nächtlichen Lärm gestört werden, müssen Sie beson-

Der Vorsatz »Lärm ganz gleichgültig« hilft etwas, wenn man einer Lärmquelle einmal nicht ausweichen kann

Zahlreiche junge Menschen sind hörgeschädigt, weil sie den Discolärm unterschätzen. AT kann hier nur vorübergehend helfen

dere Vorsätze wählen: »Schlafe durch die ganze Nacht, bis um sechs die Sonne lacht.«
»Schlafe ganz tief und fest bis morgen früh um sechs.«
Bei einer Lärmbelästigung am Tag genügt meist der Indifferenzvorsatz: »Ich bin vollkommen ruhig, Geräusche ganz gleichgültig.«
»Ich bin vollkommen ruhig und gelassen; Lärm beruhigt und vertieft Konzentration.«
»Ich bin ganz ruhig und heiter, trotz Lärm arbeite ich weiter.«

Anregung des Abwehrsystems

Unser Abwehr- oder Immunsystem – beziehungsweise Teile davon – reagiert auf das, was wir erleben. Die Thymusdrüse, hinter dem oberen Brustbein gelegen, spielt eine wichtige Rolle im komplizierten System der körperlichen und psychischen Abwehr.

Die alten Inder und Chinesen und auch die Griechen haben in gewisser Hinsicht mehr über die Thymusdrüse gewußt als wir. Für sie war die Drüse der Sitz der Lebensenergie. Den alten Erfahrungen und neuen Forschungsergebnissen zufolge reguliert die Thymusdrüse den Energiefluß im Organismus. Bei Streß kommt es hier zu

Blockierungen, die durch Muskeltestverfahren nachweisbar sind. Der Streßforscher Hans Selye fand zudem heraus, daß sich unter Disstreß die Thymusdrüse zurückbildet.

Eine strahlende Gesundheit hängt also demzufolge entscheidend von einer gut funktionierenden Thymusdrüse beziehungsweise von einem freien Energiefluß ab. Doch was stärkt und was schwächt die »Thymuskraft«? Aus der Fülle der möglichen positiven Anregungen seien nur einige angeführt, die alle nachprüfbar sind. Die Lebensenergie und damit auch die Gesundheit und Widerstandskraft werden gefördert durch:

▶ Lachen. Es muß nicht gerade ein homerisches Gelächter sein, aber es sollte mehr sein als ein Lächeln.

▶ Umgang mit positiv eingestellten Menschen.

▶ Tiefes Einatmen. Das jedoch sollte man nicht häufiger als zweimal hintereinander praktizieren, um eine Überatmung (Hyperventilation) zu vermeiden; dafür kann man es nach kurzer Zeit wiederholen.

▶ Drei- bis viermal pro Woche Ausgleichssport treiben.

▶ Die Empfehlung aus dem Yoga, einige Sekunden lang mit der Zungenspitze auf den oberen Gau-

Alle Lebens-ereignisse und -vorgänge beeinflussen das Immunsystem positiv oder negativ

Traditionelles Erfahrungswissen kann uns inspirieren; dafür müssen wir uns jedoch öffnen

Tiefes Einatmen gibt Kraft und hält wach, tiefes (verlängertes) Ausatmen (PT-Atmung) dagegen entspannt

men, etwa einen Zentimeter von der Zahnreihe entfernt, zu drükken (Akupressurpunkt).

▶ Mehrmaliges, zartes Klopfen mit den Fingerkuppen auf das obere Brustbeindrittel. Bei einer drohenden Erkältung können Sie das beispielsweise etwa alle zehn Minuten wiederholen.

▶ Konzentriertes Beten in der Entspannung.

▶ Intensives Denken an ein individuelles Leitmotiv, beispielsweise in einem seelischen Tief: »Ich bin jung, gesund und voller Schwung.« Bei einer chronischen Erkrankung kann es nur von Vorteil sein, wenn Sie sich ein Motto immer wieder intensiv vorstellen wie zum Beispiel: »Jede Zelle meines Körpers ist von Gesundheitsimpulsen durchflutet« und dabei vor allem an Ihre bedrohte Körperregion denken. Interessanterweise stabilisiert das die Abwehrkräfte, was auch der Erfahrung von Ärz

ten, Krankenpflegepersonal und Arzthelferinnen entspricht, die sich ja bei jeder Epidemie anstecken müßten, wenn sie nicht fest davon überzeugt wären, daß sie »immun« sind. Ein einfacher Satz könnte lauten: »Ich bin und bleibe gesund.« Ärztliche Kontrollen sind jedoch auch hier immer notwendig.

▶ Lebensmittel im Gegensatz zu nicht mehr »lebenden« Nahrungsmitteln.

Abwehrstärkung durch PT-Übung

Die Anregung zu einigen der folgenden Formulierungen stammt aus der von John Diamond entwickelten Richtung der Kinesiologie. Die Übung selbst kommt aus dem PT. Ziel ist der harmonische Fluß unserer Lebensenergie. Die Übung basiert darauf, daß bestimmte Gefühlslagen unsere Organe durch die Meridiane positiv

Ein Lebensmotto hilft der Psyche *und* dem Körper

oder negativ beeinflussen. In dieser Übung richten sich die Affirmationen oder Formeln auf die Thymusdrüse. In unserer Entspannungsposition üben wir:

»Ich bin vollkommen ruhig und gelassen. Der ganze Körper ist entspannt und wohlig warm. Meine verlängerte Ausatmung fließt in die Thymusdrüse (hinter dem oberen Brustbeindrittel) – strömend warm. Ich bin mutig und frei – ich bin dankbar – ich bin voller Glauben – ich bin voller Vertrauen – ich bin ganz Liebe – meine verlängerte Ausatmung fließt in die Thymusdrüse – strömend warm. Ich bin mutig und frei – ich bin dankbar – ich bin voller Glauben – ich bin voller Vertrauen – ich bin ganz Liebe – ich bin jung, gesund und voller Schwung – ich bleibe vollkommen ruhig und gelassen.«
Dann erfolgt die Zurücknahme mit:
»Recken – strecken – dehnen – gähnen«.
Für diese Übung sollten etwa fünf Minuten ausreichen. Wer will, kann die Gesundheitsimpulse aus dieser Übung noch verstärken, indem er mit der Zungenspitze, wie schon beschrieben, gegen den oberen Gaumen drückt.

Das AT kann uns auch zu einem »eingebildeten Gesunden« machen, wenn wir bereits eine Krankheit in uns tragen und sie nicht erkennen können

»Eingebildete Gesunde« durch AT?

Unsere Gesundheit ist kein gleichbleibender Zustand, wir müssen sie stets neu erwerben und absichern. Wenn Sie gesund sind, können Sie sich das AT dafür bedenkenlos nutzbar machen, doch sollten Sie gleichzeitig viel Selbstkritik aufbringen, um nicht als »eingebildeter Gesunder« zu enden.

An einem Beispiel sei dies erläutert: Nahezu alle Krankheiten beginnen mit unauffälligen vegetativen Erscheinungen, die man selbst genausowenig durchschauen kann wie der Arzt. Es gibt eine besondere Form von Magenkrebs, die jahrelang entweder keine oder nur sehr geringe Beschwerden macht. Man gewöhnt sich an sie und nimmt sie nur zu leicht als gegeben hin. Wer solche kleinen Alarmzeichen autogen trainierend überdeckt, kann den günstigsten Zeitpunkt einer Früherkennung verpassen, weil er sich einbildet, gesund zu sein. Eine regelmäßige Kontrolle der Beschwerden aber wäre hier notwendig. Vor allem endoskopische oder auch Röntgenuntersuchungen sind in diesem Fall wichtig.

Im allgemeinen jedoch läßt sich sagen: Es gibt kaum eine Erkrankung, bei der nicht durch das AT gewisse Erleichterungen zu erzielen wären. Das gilt besonders für die Arteriosklerose, auf deren Boden sich vor allem der gefürchtete Herzinfarkt entwickeln kann.

AT kontra Bluthochdruck

Etwa bei jedem vierten Todesfall ist der Bluthochdruck direkt oder indirekt mitbeteiligt. Bluthochdruck kann zu Arteriosklerose, Herzinfarkt und Schlaganfall führen. Behandelt man nicht frühzeitig, sinkt die Lebenserwartung erheblich.

Wie hoch dürfen Blutdruckwerte beim Erwachsenen sein? Der »normale« Blutdruck beträgt bei Gesunden zwischen 120/70 und 140/80. Grenzwertig wird der Blutdruck zwischen 140/90 und 160/95. Jenseits der 160 im systolischen und 95 im diastolischen Bereich sprechen wir von Hochdruck, der ärztlich behandelt werden sollte.

Je »normaler« der Blutdruck, desto höher die Lebenserwartung. In der AT-Entspannung tendiert der Blutdruck dahin, sich zu normalisieren. Aber jede Spannung oder Erwartungshaltung kann den Blutdruck vorübergehend erhöhen. Deswegen sollten Gefährdete nicht unter Dauerstreß leben und arbeiten und sich nicht aus der Ruhe bringen lassen.

Bei Beginn der Blutdruckstörung wird das AT noch mit guten Aussichten auf Erfolg eingesetzt werden können. Mit zunehmender Fixierung des Leidens – das gilt auch für andere Übel – werden seine Erfolgschancen geringer. Als Vorsätze beim Üben bieten sich an:
»Ich bin vollkommen ruhig, gelassen und frei, Kopf klar und leicht, Stirn angenehm kühl.«
»Ich bin ganz ruhig, gelassen und frei, vertrete mein Recht ganz sicher und frei.«

Vorgehen bei »nervösem« Herz

Die Mediziner sprechen hier von einer funktionellen Herzstörung. Herzklappen und Herzmuskel sind in Ordnung, das EKG zeigt nichts Auffälliges, die Beschwer-

Das AT ist eine Methode, die wir zur Tankstelle für unsere Gesundheit machen können

den aber sind da. Kein vernünftiger Arzt wird sie bezweifeln. Für ihn ist es nur sehr schwierig, dem Patienten klarzumachen, daß es weniger das Herz ist, das krankt, als vielmehr der ganze Mensch, seine Einstellung, sein Leben. Seine Angst umkrallt sein Herz.

Was kann man bei nervösem Herzklopfen verbunden mit Angst und Engegefühl tun?

▶ Eine organische Erkrankung ausschließen, der Arzt weiß hier Rat.
▶ Sich nicht ängstigen, denn es heißt: »Was ich befürchtet habe, ist eingetreten.«
▶ Vorsätze können etwas helfen: »An jedem Ort, zu jeder Zeit Ruhe und Gelassenheit« oder »ich bin ganz ruhig und entspannt«.
▶ Sich positiv ausrichten: Nicht an das Herz denken, nur an die vorliegende Aufgabe, an die Gegenwart.

◗ Sich selbst dauernd beruhigen, humorvoll wie zu einem kleinen Kind sprechen.
◗ Dabei singen oder pfeifen oder die unauffällige PT-Atmung anwenden, ähnlich wie es beim Singen/Pfeifen schon automatisch geschieht. Vergessen wir nicht: Die PT-Atmung mit ihrer langen Ausatmung wirkt immer beruhigend.

Weitere Vorsätze, die auch bei Rhythmusstörungen des Herzens ausgleichend wirken, sind:
»Ich bin gelassen und heiter und mache immer so weiter.«
»Ich lasse los und vertraue, Herz ganz gleichgültig.«
»Ich bin mutig und frei und bleibe vollkommen ruhig und gelassen.«

Hilfe bei Asthma

Hinter der verwirrenden Vielfalt von Faktoren, die einen Asthmaanfall auslösen können (Kälte, Schadstoffe in der Luft, körperliche Anstrengungen, Infekte, emotionale Energien usw.), steckt in der Regel eine psychodynamische Konstellation aus der Kindheit. Auch Allergene können ursächlich eine Rolle spielen, aber unter Umständen durch Entspannungsmethoden an Wirkungskraft verlieren. Ziel der Bemühungen mit dem AT ist es, die psychische Verfassung soweit zu stabilisieren, daß emotionale oder andere Faktoren nicht mehr in der Lage sind, einen Anfall auszulösen. Nicht wenige Kursteilnehmer haben auf diese Art und Weise sich und damit ihr Asthma überwunden.

Wesentlich für den Asthmakranken ist, daß er lernt, gegenüber der Atmung indifferent zu werden, indem er das als Einschub gedachte »Es atmet mich« als Übungsformel oder auch als Vorsatz verwendet. Bei leichteren Fällen konnten damit gute Erfolge erzielt werden. Ein Schüler machte folgende Erfahrung: »Ich sehe jetzt alles viel freier als früher, die Asthmaanfälle sind ausgeblieben. Die Nervosität ist verschwunden.«

Alle Jahre wieder: Heuschnupfen

Der Heuschnupfen ist eine allergische Erkrankung. Auch hier spielen psychische Faktoren und eine gewisse Disposition ursächlich mit hinein. Gelegentlich werden die Symptome an Augen und Nase so stark, daß »Heufieber« entsteht. Da nur wenige Abhilfen

Ziel des AT bei Asthma ist, die Streßreaktionen soweit zu dämpfen, daß Anfälle ausbleiben

zur Verfügung stehen, kommen gerade solche Allergiker mit großen Erwartungen in AT-Kurse. Vielfach werden sie auch nicht enttäuscht. Ein Beispiel, das für viele gilt:

Ein 34jähriger Beamter hatte keine Schwierigkeiten, die Übungen binnen einer, spätestens aber zwei Wochen nach der Erstunterweisung zu beherrschen. Er übte dreimal täglich regelmäßig zur gleichen Stunde. Begleiterscheinungen waren nicht aufgetreten, das Ergebnis bezeichnete er als sehr zufriedenstellend.
Er schrieb: »Seit ich autogen trainiere, macht mir der Heuschnupfen viel weniger zu schaffen; ich benötige auch weniger Medikamente und habe seitdem noch keinen Tag wegen meines Leidens gefehlt.«

Andere Kursteilnehmer sind ihren Heuschnupfen vollständig losgeworden. Ähnlich gute Erfolge scheint das AT bei »nervösem Schnupfen« vorzuweisen, der oft seine Wurzel darin hat, daß jemand wegen des Verhaltens eines anderen verschnupft ist.

Unempfindlicher gegen Erkältungen

Zahlreiche Autoren haben die Erfahrung gemacht, daß Erkältungskrankheiten dank der durch das AT erreichten Stabilisierung der Gesundheit weniger häufig auftreten und nicht so schwer verlaufen. Vielleicht wird der Übende auch temperaturunempfindlicher und paßt sich dem Wetter schneller und besser an. Kursteilnehmer berichten gelegentlich, daß sie ihre Infekte schneller überwunden hätten als sonst und sich kaum oder gar nicht mehr erkälten würden.

Die Formulierung der Vorsätze zur Infektabwehr hängt von der jeweiligen Situation ab:
»Haut bleibt angenehm warm (kühl).«
»Hitze (Kälte) ganz gleichgültig«.
»Zugluft ganz gleichgültig, Nierengegend strömend warm.«
»Füße angenehm warm« oder »rechte Schulter angenehm warm«.
»Ich bin mutig und frei.«
»Ich bleibe stabil und unempfänglich (gegen Erkältungen).«

Wenn man auf einer kalten Unterfläche sitzend Blasen- oder Ischiasbeschwerden befürchtet, kann man sich sagen:
»Sitzfläche strömend (angenehm) warm.«

Besserung von Seh- und Hörstörungen

Die Gewohnheit, ständig mit den Augenlidern zu zucken, die Stirn zu runzeln oder ohne besonderen Anlaß zu blinzeln, wird als Tic (krampfartiges Muskelzucken) bezeichnet. Wenn sich diese Störung noch nicht fixiert hat, kann das AT sie manchmal völlig beseitigen. Als Vorsätze haben sich bewährt:
»Ich bin vollkommen ruhig und gelassen, Augenlider ganz ruhig und frei.«
»Mein Blick ist ruhig, frei und klar.«

Wenn chronische Ohrgeräusche Sie quälen: den Arzt fragen, und sich die Adresse der Deutschen Tinnitus-Liga geben lassen

Bei zwei älteren Teilnehmern, deren Sehvermögen in letzter Zeit nachgelassen hatte, besserte sich die Sehkraft etwas durch folgenden Vorsatz:
»Der Augenhintergrund ist gut durchblutet, ich sehe ganz frei und klar und deutlich.«

Mehrere andere ältere Kursteilnehmer, die nicht mehr gut sehen konnten, vermeinten mit folgendem Vorsatz kleine Erfolge erzielt zu haben:
»Augenhintergrund ist warm. Augen nehmen alles wahr, ganz deutlich und scharf und klar.«

Kann das AT mir helfen oder nicht? Die Antwort: Probieren geht über Studieren

Auch bei anderen Augenstörungen kann das AT manchmal überraschend helfen, vor allem beim Grünen Star. In Zusammenarbeit mit dem Augenarzt wird man individuelle Formulierungen finden.

Ohrensausen und stark quälende Ohrengeräusche wurden verschiedentlich mit Hilfe der folgenden Vorsätze gebessert:
»Ich bleibe vollkommen ruhig, Ohrengeräusche gleichgültig« (oder: »Ohrensausen ganz gleichgültig«).

Die Haut – ein Spiegel der Seele

Emotionen spiegeln sich in der Haut wider. Bei einem Wutanfall wird sie rot, bei Angst richten sich die Härchen in der Haut auf. Bei Schreck erblaßt die Haut, bei Ungeduld und Aufregung beginnt sie zu jucken. Kurz: Auch die Haut wirkt bei vielen Menschen wie ein seelisches Barometer. Daher sind für das Auftreten von Ekzemen, Nesselfieber, Hautjucken, plötzlichem Haarverlust und -ausfall und anderen Hautsymptomen oftmals psychische Bedingungen mitentscheidend. Bei anderen Hauterkrankungen, wie etwa der Schuppenflechte, kann es durch psychische Faktoren gelegentlich zu Verschlechterungen kommen. Kein Wunder also, daß das AT in solchen Fällen Hilfe zu bringen vermag. Selbst langjährige Hautirritationen, die den Patienten furchtbar peinigen, werden gelegentlich noch günstig beeinflußt.

Bei juckenden Hauterscheinungen:
»Ich bin ganz ruhig und gelassen; Jucken gleichgültig.«
»Haut an beiden Armen ist frei und kühl und ruhig.«

Bei häufigem Erröten Selbstwertgefühl stärken und:
»Erröten ganz gleichgültig; Gesichtsfarbe bleibt gleich.«
»Ich bin ganz ruhig und gelassen, Wangen bleiben kühl.«

Bei starkem nervösem Schwitzen:
»Ich bin vollkommen ruhig und gelassen; Schwitzen ganz gleichgültig (Hände sind trocken und kühl).«

Ein 13jähriger Schüler gab seiner Warze den unmißverständlichen Befehl: »Verschwinde, du Aas«, und das »Aas« verschwand tatsächlich. Weniger drastisch ist die Formel »Warze kühl und blaß, Warze verschwindet ganz«.
Da es verschiedene Arten von Warzen gibt, kann es allerdings passieren, daß man an ein Exemplar gerät, das durch Suggestionen nicht zu beeinflussen ist. Im Alter auftretende Hauterhebungen, selbst wenn sie pigmentiert sind, können unter Umständen durch Autosuggestionen zum Verschwinden gebracht werden.

Erleichterung bei Schwangerschaft und Geburt

Schwangerschaftserbrechen wird meist durch psychische Faktoren ausgelöst wie innere, unbewußte Widerstände gegen die Schwangerschaft oder Auflehnung gegen egozentrisches und taktloses Verhalten des Ehemannes. Das AT ist auch hier, wie immer als unterstützende Therapie, von größtem Wert.

Desgleichen hat es sich als Hilfe zur Geburtserleichterung bestens bewährt. Die werdenden Mütter bleiben ruhig und erleiden weniger Schmerzen als andere Gebärende; die Geburtszeit ist deutlich verkürzt. Der entsprechende Vorsatz könnte beispielsweise lauten: »Beckenboden (ist) locker und schwer; ich erwarte mein Kind ruhig, frei und geschwind.«

Unser seelisches Befinden spiegelt sich in der Haut wider – also sind solche Störungen durch das AT beeinflußbar.

Warzen reagieren auf Vorsätze und Rituale, indem sie verschwinden

Zahlreiche funktionelle Störungen in der Schwangerschaft lassen sich mit dem AT gut beeinflussen

AT und Frauenheilkunde

In der Frauenheilkunde erzielt man mit dem AT bei chronisch-funktionellen Unterleibsbeschwerden gute Erfolge. Das trifft auch für die Dysmenorrhö, die besonders schmerzhafte Regel, zu. Bewährt hat sich ein Vorsatz wie »ich bin vollkommen ruhig und gelassen, Regel kommt ganz leicht und schmerzfrei«.

Stark juckende Ekzeme in der Genitalgegend können, sofern sie nicht durch Diabetes oder Erreger ausgelöst sind, durch die Vorsatzbildung »Haut angenehm kühl und ruhig« eine Besserung erfahren oder sogar völlig verschwinden.

Ebenso erfolgreich kann man bei Neigung zu Scheidenverkrampfung sowie bei besonders trockenen Schleimhäuten während des Geschlechtsverkehrs Vorsätze wie »ich gebe mich hin« oder »ich lasse mich los« anwenden.

Beruhigung für Schilddrüsenkranke

Plötzliche und schwere psychische Konflikte können bei einer bestimmten ererbten Disposition einen sogenannten Schock-Basedow, eine plötzliche Überfunktion der Schilddrüse, auslösen. Dabei kommt es – wie auch beim gewöhnlichen Basedow – zu den verschiedensten vegetativen Regulationsstörungen sowie zu psychischen Veränderungen. Aufgrund dieser psychischen Symptome fällt es vielen Basedow-Kranken besonders schwer, erfolgreich autogen zu üben. Denn manchmal sind sie nicht imstande, sich zu konzentrieren. Zahllose Gedanken blitzen auf, die sie bei jeder Gelegenheit bestürmen.

Geeignete Vorsätze sind:
»Ich bin vollkommen ruhig und gelassen, Schilddrüsengegend angenehm kühl.«
»Ich bin vollkommen ruhig und gelassen, Schilddrüse arbeitet ruhig und normal.«

Trotz der Konzentrationsschwierigkeiten der Basedow-Kranken ist das AT eine große Hilfe bei der Behandlung von Schilddrüsenfunktionsstörungen.

Wer an einer Schilddrüsenüberfunktion leidet, sollte mehr als dreimal täglich trainieren und sich ruhigstellen

Gute Erfolge bei Migräne

Bei allen Migränearten sind die Schmerzen häufig von solcher Heftigkeit, daß der Kranke am liebsten mit dem Kopf gegen die Wand rennen möchte. Die Anfälle sind begleitet von Übelkeit, Erbrechen, Schwindel, Lichtempfindlichkeit, Sehstörungen, Harndrang und anderen Symptomen. Manche Migränekranke erleiden in ihrem Leben nur einige weni-

ge Anfälle, unter Umständen nur einen einzigen.

Bisweilen spielen allergische Komponenten eine Rolle, so können auch Medikamente einen Anfall auslösen oder verstärken. Käse, Alkohol und Schokolade werden als Allergene genannt. Gelegentlich kommt ein Anfall auch dadurch zustande, daß der Kranke etwas oder jemanden nicht »riechen« kann. Brechungsfehler des Auges und dann vor allem Streß sind weitere Ursachen.

Daß durch die Grundübungen – insbesondere die Schwereübung – des AT die Anfallsbereitschaft und -schwere stark zurückgedrängt werden, berichten Kursteilnehmer mit großer Regelmäßigkeit. Wenn ein Zuhörer bereits in der dritten Stunde mitteilt, daß seine seit Jugend bestehenden Migräneanfälle zum ersten Mal ausgeblieben seien, so ist das kein Einzelfall. Manche der an Migräne Leidenden spüren allerdings zur Zeit der sonst üblichen Anfälle noch einen Hintergrundschmerz, der aber erträglich ist und sie keinesfalls bei der Arbeit stört.

Vorsicht bei Schmerzen!

Wir wissen bereits: Entspannung führt zu Schmerzlinderung. Wer zusätzlich die Vorsatzbildung des AT einsetzen will, muß die Herkunft seiner Schmerzen kennen. Bei unklaren Schmerzen dagegen muß man sich vorher mit seinem Arzt beraten: Viele ernste Krankheiten beginnen mit unauffälligen Schmerzen; es wäre gefährlich, sie mit dem AT zu überspielen oder zu überdecken.

Die Erfahrung lehrt, daß es sich empfiehlt, bei allen äußeren Schmerzen, wozu Schmerzen der Haut, Außenschleimhäute und Zähne gehören, den betreffenden Bereich kühl zu stellen, zum Beispiel:
»Oberkiefer angenehm kühl und schmerzfrei.«

Bei inneren Schmerzen wird die Warmstellung bevorzugt, zum Beispiel:
»Rechte Nierengegend angenehm warm und ganz schmerzfrei.«
»Gallengegend strömend warm und schmerzfrei.«

Bei Kopfschmerzen erfolgt meistens die Kühlstellung:
»(Linke) Stirn angenehm kühl und schmerzfrei.«

Während eines Migräneanfalls hilft die Schwereübung von etwa 30 Minuten Dauer

Vorsicht! Bei Schmerzen sollte vorher eine genaue Diagnose gestellt werden

93

Manchmal ist es angebracht, die Kopfschmerzen mit Wärme zu lindern. Das aber geschieht dann immer vom Nacken aus:
»Nacken angenehm warm, Kopf schmerzfrei.«

Bei Phantomschmerzen an amputierten Gliedern haben sich bewährt:
»Ich bin vollkommen ruhig und gelassen, Stumpf angenehm kühl und schmerzfrei.«
»Ich lasse los und vertraue.«
Oder wie ein Kursteilnehmer es formulierte:
»Rechter Stumpf ist abgestumpft, ist kühl, schmerzlos und empfindunglos.«

Hilfe für Raucher

Wie bei allen psychischen Beschwerden muß auch der Raucher viel Zeit aufwenden und konsequent trainieren, um sein Laster loszuwerden

Die durch das AT erreichte generelle psychische Stabilisierung hat bei nicht wenigen Kursteilnehmern dazu geführt, daß sie das Rauchen eingeschränkt oder ganz eingestellt haben. Natürlich sind auch einige mit dem erklärten Ziel zum Training gekommen, sich mit seiner Hilfe das Rauchen abzugewöhnen. Sie hatten jedoch nicht immer Erfolg. So gelang es einem 45jährigen Kettenraucher während des Kurses lediglich, etwas weniger zu rauchen. Dennoch war er mit seinem Training hochzufrieden: Er war ruhiger geworden und schlief jetzt tief und störungsfrei – für ihn persönlich zwei unerwartete und erfreuliche Ergebnisse.

Als Vorsätze bieten sich an:
»Ich glaube an meine innere Kraft; ich bin mutig und frei (vom Rauchen).«
»Rauch ist Gift für mich, Nichtrauchen macht frei und froh.«
»Rauchen schadet mir, Nichtrauchen macht mich frei und stolz.«
Eine angehende Lehrerin fand für sich folgenden Vorsatz:
»Ich will leben ohne Gift, ich will streben ohne Gift.«

Hat man das Rauchen wirklich aufgegeben, kann es notwendig werden, gegen die mögliche Gewichtzunahme etwas zu unternehmen:
»Rauchen überflüssig, ich bin frei und satt.«

Hilfe für Alkoholgefährdete

Die meisten Menschen können mit Alkohol umgehen. Einige können es nicht: Mehr als jeder Hundertste ist in Deutschland alkoholkrank. Alkohol kann zu einer psychischen und körperlichen Abhängigkeit führen; in diesem Fall spricht man auch von Sucht. Alkoholsucht ist eine schwere Krankheit, die vor allem Menschen befällt, die unter starkem Streß (ungeliebter Beruf, schlechte Wohnverhältnisse usw.) stehen. Wie bei anderen Drogenkranken müssen auch beim Alkoholkranken Selbstvertrauen, Beherrschung, Beharrlichkeit und Festigkeit neu entwickelt werden. Das ist in der Regel ein langwieriger Prozeß, bei dem das AT eine besonders positive Rolle spielen kann. Je weiter der Patient noch vom echten Zwangstrinken entfernt ist, desto eher wird das AT Hilfe spenden. Schwerere Fälle kommen sowieso nicht in die Kurse, die Kurse müssen zu ihnen kommen.

Flankierende Maßnahmen psychohygienischer und -therapeutischer Art sind in den Stadien der fortgeschrittenen Alkoholabhängigkeit

Wer Schwierigkeiten mit dem Alkohol hat, muß schon konsequent und systematisch trainieren, um mit dem AT Erfolg zu haben

auf jeden Fall angezeigt. Stets sollte auch der Ehepartner autogen trainieren. Verschiedentlich haben sowohl Gefährdete als auch Ehemalige, die jetzt als Anonyme Alkoholiker beratend tätig sind, den Nutzen des AT bestätigt.

»Ich bin mutig und frei; Alkohol gleichgültig, Abstinenz macht froh.«
»Ich bleibe trocken – zu jeder Zeit, an jedem Ort, bei jeder Gelegenheit.«
»Ich bleibe abstinent, und zwar ganz konsequent.«
»Ich bin und bleibe ganz konsequent, so werde ich frei und abstinent.«
»Ich erreiche mein Ziel und bleibe konsequent abstinent. Ich schaffe es.«

Befreiung von Angstzuständen

Manche Autoren sehen in der Angst das Primärzeichen der Neurose. Und da die Neurose im weitesten Sinne bei uns zum Alltag dazugehört, ist die Angst auch als »europäische« (Nietzsche) oder als »abendländische« Krankheit bezeichnet worden, obwohl sie praktisch überall, wo Menschen leben, zu Hause ist. Dennoch ist sie keine eigentliche Krankheit,

denn der eine reagiert auf sie produktiv, während sie den anderen lähmt.

Was also ist Angst? »Der nächste Tag«, antwortete der dänische Philosoph Sören Kierkegaard darauf. Die uns Tag für Tag gestellte Aufgabe mit aller Konzentration und Intensität lösen – das ist von Angst befreiendes Leben.

Je mehr Angst man hat, desto unsicherer ist man in all seinem Tun. Man muß aber imstande sein, »ein Stück Ungewißheit« – wie Freud sich ausdrückte – zu ertragen. Und ein Stück Unsicherheit, denn auch sie gehört zum Menschsein dazu.

Die eigentlich leidvollen Menschen sind die Ängstlichen, die sich Sorgenden, bei denen Leidensdruck und -erleben meist sehr viel größer sind als bei körperlich Kranken. Der Ängstliche stirbt bekanntlich viele Tode – und dennoch muß er seinen Zustand ertragen.

Vorsätze für angstvolle Menschen:
»Ich bin mutig und frei. Heilkräfte fließen frei.«
»Ich bleibe vollkommen ruhig und gelassen.«
»An jedem Ort, zu jeder Zeit Ruhe und Gelassenheit.«

»Ich lasse los (die Angst) und vertraue auf mein gutes Schicksal« – ein bewährter Vorsatz

»Ich lasse los und vertraue meinem guten Schicksal.«

Ängstliche Kranke, die eine Operation oder den Gang zum Zahnarzt fürchten, sprechen auf Narkosemittel nicht so gut an wie angstfreie. Hier können bestimmte Vorsätze helfen:
»Ich bin mutig und frei; Arbeit (Operation) gelingt.«
»Ich bin mutig und frei; Schmerzen gleichgültig.«

Auch depressive Zustände lassen sich oftmals durch das AT aufhellen. Sie verbergen sich häufig hinter körperlichen Beschwerden wie Kopf- oder Magenschmerzen. Es gibt wohl kaum ein körperliches Symptom, hinter dem sich nicht eine Depression verstecken könnte. Das AT kann im Beginn der depressiven Verstimmungen, aber auch bei der Selbstmordprophylaxe eine wichtige Hilfe sein. An Vorsätzen haben sich bewährt:

»Ich lerne zu leben und zu lieben.«
»Ich lasse los und vertraue meinem Schicksal.«
»Ich bin fröhlich und frei, körperliche Beschwernisse gleichgültig.«
»Ich bin vollkommen ruhig und gelassen, ich sehe den Mitmenschen mutig und frei.«
»Lebe immer weiter, mutig, froh und heiter.«
»Ich bin glücklich (aufgeräumt) und zufrieden.«

Das AT – ein Universalmittel?

Angesichts der vielen hier geschilderten Anwendungsmöglichkeiten des AT – wobei die Liste aber noch nicht einmal vollständig ist – könnte der Eindruck entstehen, das AT sei eine Art Universalmittel für alle Leiden und Gebrechen. Daher sei nochmals betont: Das AT maßt sich nicht an, bei schweren psychischen Störungen und Psychosen sowie bei den vielen entzündlichen Krankheiten helfen zu können. Es spricht im allgemeinen auch nicht von Heilungserfolgen, sondern vom Wegbleiben oder Nicht-mehr-Auftreten von Symptomen. Es ist eine Lebenshilfe, deren Grenzen freilich nicht weit genug gesteckt werden können. Seine »außerordentlich weite Anwendungsmöglichkeit« (Schultz) wird meist auch gar nicht voll genutzt.

Depressive Verstimmungen werden durch das AT aufgehellt, Depressionen dagegen gehören in die Behandlung eines Facharztes

Das AT kann viele Krankheiten lindern, aber nur selten heilen

IV.

Übungspraxis und
Begleiterscheinungen

Der psychische und physische Zustand, in dem man sich während des autogenen Trainierens befindet, unterscheidet sich sowohl vom Normalzustand als auch vom Schlaf oder von der Hypnose. Die psychophysiologische Umschaltung vom Normal- zum autogenen Zustand ist oft von Veränderungen geistiger und körperlicher Funktionen begleitet.

Bei der Schwereübung

Wer das AT in der Sprechstunde eines Therapeuten im Einzelunterricht lernt, wird im allgemeinen erst dann zur nächsten Übung schreiten, wenn er die Schwereübung beherrscht. In Gruppenkursen ist das nicht möglich; hier wird nach einem festen Zeitplan vorgegangen, was sich in der Regel allerdings nicht als hinderlich erweist.

Viele Empfindungen während der Schwereübung sind als *Entspannungseffekte* zu deuten. Es

kommt zu einer Entspannung der Muskeln – und häufig auch schon der Blutgefäße – sowie zu Symptomen, die durchaus nicht als krankhaft oder absonderlich zu gelten haben. Ziehen, eine schmerzhafte Schwere, Zucken, Kribbeln, Vibrieren und Taubheitsgefühle verschwinden bei konsequentem Üben schnell wieder.

Schultz spricht von »Fremdheitsgefühlen« beim Auftreten eines Gefühls, als ob die Finger geschwollen sind, als ob die Extremitäten nicht mehr existent sind, als ob der Arm größer wird, als ob er so schwer wie Blei ist, als ob er mit der Unterlage verschmilzt oder als ob er gar nicht mehr zu mir gehört.

Die Möglichkeiten der autogenen Entladungen, der »inhaltlosen Abreaktionen« (Schultz) sind Legion. Sie sind auch nicht nur auf die Schwereübung begrenzt, vielmehr finden sie sich in gleicher oder ähnlicher Form bei allen Unterstufenübungen. Mit der Dauer des Trainings nehmen sie ab. Es

Begleiterscheinungen kommen ungelegen, sie zwingen in der Regel aber nicht zum Abbruch der Übung

Viele Begleiterscheinungen sind als Entspannungseffekte zu verstehen, die auch vom Einschlafen her bekannt sind

wird den Teilnehmern daher immer geraten, konsequent weiterzuüben und nicht auf sie zu achten.

Bei zu langem Üben und wenn man es besonders gut machen will, verkrampft man sich, was unangenehme Empfindungen zur Folge haben kann. Manchmal verschwindet dann auch eine vorher schon erreichte Schwere. Gelassen die Schwere erwarten, das ist die richtige Einstellung.

Bei der Wärmeübung

Bei allen Übungen können Muskelzucken in den verschiedensten Körperbereichen, Zittern, unwillkürliche Muskelbewegungen, Lachen, Husten, Niesen, vermehrte Speichelabsonderung, Gähnen, Lidflattern, Tränenfluß, Schlukken, Übelkeit und andere Symptome auftreten. In Gruppenkursen kommt es während des autogenen Entspannens häufig zu lautem Bauchgrimmen der Teilnehmer. Daß auch Erektionen auftreten können, zeigt, wie verschieden die Begleiterscheinungen sind.

Bei der Wärmeübung können bisweilen auch paradoxe Reaktionen auftauchen, zum Beispiel wird der Arm kalt statt warm. Trotzdem wird weitergeübt, denn die paradoxen Reaktionen verschwinden im allgemeinen mit fortschreitendem Training. Wenn sie gar nicht verschwinden sollten – ich habe das allerdings noch nicht erlebt –, müßte man sich überlegen, ob dann nicht der sehr seltene Fall eingetreten ist, in dem man sich auch einen paradoxen Vorsatz geben kann: »Arme sind angenehm kühl.«

Gelegentlich kommt es zu einem starken Kribbeln, das auch nach dem Zurücknehmen noch kurz anhalten kann. Ebenso kann der Arm stark brennen. Konsequentes und energisches Zurücknehmen reicht fast immer aus, um solche Störungen zu beseitigen.

Auf dem erfolgreichen Schwere- und Wärmeerlebnis basiert das ganze AT. Manchmal greift die Generalisierung der Wärmeempfindungen auf den Kopf über. Es kommt zu einem Wärmeandrang, der jedoch nicht erwünscht ist. Mit der Vorstellung »Wärme strömt in die Füße« kann man sich aber gut behelfen.

Das Zurücknehmen der Wärme wäre theoretisch nicht so wichtig; sie reguliert sich nach wenigstens einer Stunde von selbst, weil die

Blutgefäße elastisch sind. Dennoch ist es erforderlich, gebieterisch zurückzunehmen, denn man hat ja gleichzeitig das Schweregefühl erreicht. Ein Verbleiben der Armschwere kann, wie bereits erwähnt, zu leichten Sensationen führen. Die Beinschwere dagegen reguliert sich von selbst.

Wie wichtig ein passives Sichkonzentrieren ist, zeigen japanische Untersuchungen. Versuchspersonen wurden gebeten, sich aktiv vorzustellen: »Ich will mit allen Mitteln, daß meine Arme warm werden.« Was zu erwarten war, trat ein: Es kam zu einer Gefäßverengung mit entsprechender

Der beherr-
schende Wille
kann paradoxe
Wirkungen aus-
lösen, das ist
eine Grundregel
der Psychologie

Durchblutungsverminderung und Kühle in beiden Armen. Der Wille, alles besonders gut machen zu wollen, erschwert das Realisieren des AT.

Bei der Herzübung

Die hier möglicherweise auftretenden Empfindungen während des Trainierens sind naturgemäß vielgestaltig. AT-Praktizierende berichten beispielsweise: »Ich spüre den Herzschlag als dumpfen Stoß« oder »ich verspüre einen rhyth-

mischen Schlag gegen den Brustkorb«. Eine 61jährige Teilnehmerin fühlte in sich »einen Blasebalg, der bis zum Hals hinaufwirkt«. Einmal wird das Herzerlebnis »als großer Ball, der sich zusammenzieht«, empfunden, ein andermal als »Wellenschlag« oder, wie ein Kapitän der Handelsmarine es ausdrückte, als »Dünung«.

Es gibt auch bei der Herzübung immer wieder einmal Teilnehmer, die »Herzjagen« oder »unangenehme Herzschmerzen« bekommen. Alle hatten früher schon Herzsymptome gehabt, oder sie waren mit besonderen Erwartungen an diese Übung herangegangen. Ein Autor stellte bei 86 Prozent der Patienten, die über unangenehme Herzsymptome während des Übens klagten, »latentes Herzangstmaterial in der Vorgeschichte« fest. Vorschläge, die Herzübung generell ausfallen zu lassen, lehnt er wie auch die meisten anderen Autoren wegen des sonstigen positiven klinischen Wertes dieser Übung ab.

Bei nur einmaligem Auftreten solcher Begleiterscheinungen wird in der üblichen Form weitertrainiert. Manchmal ist es gut, sich die Formel »ich bin vollkommen ruhig« häufiger zu sagen, manchmal aber auch, die Formel abzuändern in »Herz arbeitet angenehm ruhig (und gleichmäßig)«.

Selbstverständlich können sämtliche weiter oben beschriebenen Nebenerscheinungen auch bei der Herzübung auftreten; sie sind ja sowieso nicht typisch für eine ganz bestimmte Übung.

Bei der Atemübung

Auch die Atmung wird ganz verschieden erlebt: »Ich bestehe nur noch aus Atmung«, »als ob der Kosmos in mich hineindringt und dann wieder den Körper verläßt«, »die Atmung hebt mich wie die Wellen des Meeres«, »es ist, als ob der ganze Körper atmet«.

Zwei Mütter berichteten, ihre elfjährigen Kinder hätten beim Trainieren, vor allem bei der Herz- und der Leibübung, das Atmen vergessen und seien dann regelrecht in Atemnot geraten. Im Kurs war nichts davon zu bemerken. Übrigens kommt es vor, daß auch Erwachsene während des Trainings vergessen zu atmen und in vorübergehende Schwierigkeiten geraten. Eine solche Koordinationsstörung von Herz- und Atemfunktion kann leicht durch die Formel »Herz und Atmung (arbei-

Begleiterscheinungen bei der Herzübung sind oft vielgestaltig; wir dürfen sie nicht dramatisieren

Wenn es im
Leben spannend
wird, halten wir
den Atem an,
das führt zum
Befreiungs-
atmen, aber
nicht zu Kompli-
kationen

ten) ganz ruhig und regelmäßig«
aufgefangen werden.

Mit der Gesamtumschaltung, die
bei Erfahrenen bereits mit der
Schwereübung einsetzt, sinkt
auch das Atemvolumen durch-
schnittlich um rund 14 Prozent
ab. Rein subjektiv spüren zahlreiche Teilnehmer schon während
der ersten beiden Kursstunden,
daß sich ihr Atemrhythmus har-
monisiert und verlangsamt.

Wenn die Atemeinstellung richtig
durchgeführt wird, wirkt sie sich
beruhigend auf die Herzfunktion
aus; daher kann sie im Training
vorgezogen werden.

Bei der Leibübung

Etwa ein Drittel der Kursteilnehmer spürt schon bei der ersten
Leibübung eine angenehme Wärme im ganzen Leib, eine schwach
ausgeprägte Wärme in der Magengegend, ein deutliches warmes
Pulsieren in der Tiefe, eine strö-
mend-warme Empfindung in beiden Nierengegenden oder auch
nur ein schwaches Wärmegefühl
in der Magengegend. Wer die
Leibübung gut beherrscht, verbessert seinen ganzen AT-Effekt; vor
allem Schwere und Wärme lassen
sich nun auffallend gut erleben.

Das häufige
Bauchgrimmen
ist ein Symptom
der Entspannung

In seltenen Fällen kann es jedoch
auch zu unerwarteten Empfindungen im Bauchraum kommen, zu
Druckgefühl im Magen, zu
krampfartigen Gefühlen oder zu
Übelkeit – alles Erscheinungen,
die in der Regel nicht beunruhi-
gend sind.

Durch die Leibübung wird im
Bauchraum ein störungsfreier Ab-
lauf der Darmbewegungen sowie
eine Normalisierung der Ma-
genein- und -ausgangsfunktion erzielt. Die Magenwanddurchblu-
tung nimmt ebenso zu wie die
Darmbewegung. Das Bauchknur-
ren als Symptom der Entspannung
tritt hier fast so häufig auf wie bei
der Schwereübung.

Bei der Kopfübung

Wenn ein Übender meint, er be-
herrsche diese Übung noch nicht
gut genug und sein Gesicht sei
noch angespannt, kann ihm die
Zusatzformulierung »Gesichtszüge
locker und gelöst« helfen.

Schon frühzeitig beobachtete
man, daß die Kopfübung in der Sitzung vor dem Einschlafen dazu
führen kann, daß man gerade
nicht einschläft. Es empfiehlt sich
dann, die Kopfübung abends aus-

fallen zu lassen oder den Vorsatz »Einschlafen ganz gleichgültig« zu wählen.

Auch bei der Kopfübung treten zahlreiche Entladungen und Begleiterscheinungen auf, aber man wird fast immer weitertrainieren und diese Übung nicht auslassen. Häufig wurde über ein Schwindelgefühl geklagt, das jedoch stets mit fortschreitender Trainingserfahrung verschwand. Über die Hälfte der Übenden gibt an, während der Sitzung etwas schläfrig geworden zu sein. Und nicht wenige Teilnehmer geraten während des Trainierens im Kurs in einen schlafähnlichen Zustand oder schlafen dabei auch ganz ein. Aber durch einfaches und energisches Zurücknehmen sind bis jetzt immer alle Teilnehmer ohne weitere Kunstgriffe Morpheus' Armen entwunden worden.

Bei der Nackenübung gibt es wenig Begleiterscheinungen.

Wer beim Trainieren nicht einschlafen möchte, kann sich einen Vorsatz geben, oder er nimmt die schon erwähnte Pharaonenhaltung ein, oder er öffnet die Augen und bewegt einen Finger

Im allgemeinen
gilt: Je positiver
man an das
Üben herangeht,
desto weniger
Begleiterschei-
nungen treten
auf

Andere Begleiterscheinungen

Die autogenen Entladungen und Nebenerscheinungen treten bei nahezu allen Übungen auf, manchmal allerdings konzentrieren sie sich auf die eine oder andere Übung. Ganz generell kann man sagen, daß sie bei der Schwereübung am häufigsten sind. Sie sind auch nur deswegen in diesem Kapitel so ausführlich beschrieben worden, damit der Anfänger weiß, daß sie normal sind, und daß man ruhig weiterüben sollte.

Zu den Erscheinungen, die noch nicht genannt wurden, gehören Mißempfindungen im Genitalbereich, Taubheits- und Spannungsgefühl in den Fingern, »elektrische« Empfindungen, Lageveränderungs- und Abtrennungsgefühle von Körperteilen; das Bedürfnis, sich zu bewegen; ein Steifheits- und Unbeweglichkeitsgefühl, Gleichgewichtsstörungen wie Schwindel, Benommenheit, Drehen oder Schweben sowie Übelkeit.

Zu den *akustischen Entladungen* zählen Gehörsempfindungen wie

108

Stimmen, Musik, Summen oder ganz allgemein Geräusche. Manchmal kommt es zu Geräuschillusionen: Die Umweltgeräusche werden als lauter und störender empfunden, als sie in Wirklichkeit sind. Aber sie können auch entfernter klingen, bis man schließlich kein Ohr mehr für die Umgebung hat.

Die autogenen Entladungen enthalten ein selbstheilendes Prinzip. Sie sind neutralisierende zentralnervöse Entlastungsvorgänge, die zur Normalisierung und Erholung beitragen können.

Visionäre Begleiterscheinungen

Unter visionären Entladungen versteht man Symptome wie Licht- oder Dunkelheitserscheinungen, die häufig in Farbe auftreten, meist beweglich sind, aber auch stationär sein können. Je nachdem, aus welchem Hirnbereich sie entspringen, sind die visionären Erscheinungen verschieden ausgeprägt. Sprühende Funken und flimmernde Lichtpunkte stammen aus einem anderen Hirngebiet als Erinnerungsbilder oder Filmstreifen. Auch einige affektbetonte Entladungen und psychische Begleiterschei-nungen, von denen schon die Rede war, gehören hierher.

Gefahren

Die größte Gefahr beim AT ist ein ängstlicher oder kleinlicher und perfektionistischer Kursleiter. Kursleiter, die unter sich selbst leiden, werden meist auch ihre Kursteilnehmer leiden machen. Es gibt traurige Beispiele.

Ebenso wie der Kursleiter eine Gefahr sein kann, bringt sich natürlich auch der Kursteilnehmer manchmal selbst in Gefahr, wenn er sich seinem Kursleiter nicht offenbaren mag oder wenn er zu verbissen, fehlerhaft, verspannt, vielleicht auch in selteneren Fällen einfach zuviel trainiert.

Zahlreiche AT-Lernwillige werden auch wegen eines ungeeigneten Vermittlers demotiviert. In einigen Sanatorien und Kliniken laufen lieblos Tonbänder ab, so daß die Patienten das Interesse am AT verlieren.

Wenn Ungeeignete (Depressive, Schizophrene, Einfältige, schwere »Neurotiker«) das AT üben wollen, kann man von Gefahren nicht sprechen, denn sie lernen es halt nicht.

Begleiterscheinungen und Entladungen sind auch positiv zu sehen: Sie entlasten, neutralisieren und normalisieren

Bilder und Lichterscheinungen treten bei eidetisch angelegten Personen häufig auf

Nahezu alles kann man im Leben mißbrauchen und sich damit in Gefahr bringen; daher sollte man auch das AT regelgerecht anwenden

Jede gute Methode kann auch mißbraucht werden. Den Kursteilnehmern ist zu empfehlen, daß sie sich bei Unklarheiten mit ihrem Kursleiter beraten. Auf die Gefahr, daß man auch ein eingebildeter Gesunder werden kann, wurde schon hingewiesen.

Übersicht: AT-Unterstufe

Übungsart	Übungsformel	generelle Wirkung	Begleiterscheinungen
* Ruhe-tönung	»Ich bin vollkommen ruhig und gelassen«	Allgemeine Beruhigung von Körper und Psyche	Erwartungs-symptome
1. Schwereübung	»Arm ganz schwer«	Muskelentspannung, allgemeine Beruhigung	Autogene Ent-ladungen aller Art sind möglich. Nach-wirkungen durch fal-sches Zurücknehmen
2. Wärmeübung	»Hand ganz warm«	Entspannung der Blutgefäße, Beruhigung	Autogene Entladungen
3. Herzübung	»Herz ganz ruhig und gleichmäßig«	Normalisierung der Herzarbeit, Beruhigung	Autogene Entladun-gen; durch Erwar-tungseinstellung und durch »Organerinne-rung« können Organ-symptome ausgelöst werden
4. Atemübung	»Atmung ganz ruhig (und gleichmäßig)«	Harmonisierung und Passivierung der Atmung, Beruhigung	(wie oben)
5. Leib-(Sonnengeflecht-)Übung	»Sonnengeflecht (Leib) strömend warm«	Entspannung und Harmonisierung aller Bauchorgane, Beruhigung	(wie oben)
6. Kopfübung	»Stirn angenehm kühl« »Nacken angenehm warm«	Kühler, klarer Kopf, Entspannung der Blut-gefäße im Kopfgebiet, Beruhigung, Muskelent-spannung im Nacken	Autogene Entladungen; gelegentlich Kopf-schmerzen und Schwindel

* Die Ruhetönung kann nur bei gegebener Indikation als selbständige Übung angesehen werden; im allgemeinen gilt sie als »richtungsweisendes Einschiebsel« im Sinne von Schultz.

V.

Anhang

AT-Oberstufe

Ziel der Oberstufe des AT ist meist, sich selbst zu erkennen. In der Hand eines Psychotherapeuten ist die AT-Oberstufe ein guter Weg, die Gründe für tieferliegende Störungen ans Tageslicht zu bringen.

Meditative Bilder, das heißt spontane Farb- und Bilderlebnisse, treten bei einigen Teilnehmern bereits beim Erlernen der ersten AT-Übungen auf. Wer die Entspannungsübungen beherrscht, wird in der Regel auch die meditativen Übungen gut durchführen können. Folgendes Beispiel zeigt, wie einfach das ist: Eine Gruppe von jungen Leuten bekam die Aufgabe, sich eine grüne Wiese vorzustellen und dabei auf das Wetter, die Jahreszeit, die Tiere und Menschen sowie auf die Begrenzung zu achten.

Eine 16jährige berichtete: »Die Wiese war ganz und gar mit Stacheldrahtrollen umzäunt.« Ihr wurde geraten, beim nächsten Mal nach einem Durchlaß Ausschau zu halten. Aber nun sah sie die Wiese von einer hohen Bretterwand umgeben. Bei der dritten Übung dieser Art fand sie schließlich ein kleines Tor und konnte nunmehr die Wiese verlassen. Am Schluß des Kurses sah sie eine Wiese ohne Umgrenzung; sie fühlte sich auch deutlich freier und gelöster.

Folgende meditative Übungen werden in den Kursen am häufigsten angewendet: bildhafte Schau konkreter Dinge, Schau abstrakter Begriffe, Entwicklung von Bildfolgen zur Charakter- oder Persönlichkeitsbildung oder zur Selbstverwirklichung. Beliebte Meditationsthemen sind die Reise auf den Meeresgrund oder auf einen Berg, die Begegnung mit einem weisen Menschen, Gespräche mit dem Über-Ich und Fragen an das Unbewußte.

Wer sich selbst schauen will, seine positiven und negativen Seiten erkennen will, kann dies kaum bes-

Das AT kann blinde Flecken bei der Selbsterkenntnis aufhellen

Solche symbolträchtigen Bilder muß im Kurs jeder selbst deuten

ser und einfacher als mit dieser aufdeckenden Methodik der AT-Oberstufe.

Verwandte Methoden

Neue Ideen basieren stets auf Gedanken anderer. Das schmälert aber nicht das Verdienst der Forscher. Schultz hat nie ein Hehl daraus gemacht, daß das AT von »Mutter Hypnose« abstammt. Ebenso hat er nicht geleugnet, daß auch O. Vogts Forschungen ihn beeinflußt haben. Es ist nicht möglich, die ganze Verwandtschaft des AT an dieser Stelle zu würdigen, vielmehr · möchte ich mich darauf beschränken, die bekannteren Methoden kurz vorzustellen.

Couéismus

Den Älteren ist das System des französischen Apothekers Emile Coué (1857–1926) noch in guter Erinnerung. Coués Bedeutung beruht darauf, daß er von neuem auf die für die Gesundheit so wichtige

Ein Großteil des AT-Erfolges beruht auf der Methode von Coué

autosuggestive Behandlung aufmerksam machte. Er arbeitete mit den Schlüsselsätzen »von Tag zu Tag, in jeder Hinsicht, geht es mir besser und besser« und »das geht vorbei, das geht vorbei«.

Progressive Relaxation

Das Ziel dieser Methode von Professor Edmund Jacobson ist das Erlernen des systematischen muskulären Entspannens. Es wird schrittweise geübt, indem man die verschiedenen Muskelgruppen anspannt und wieder entspannt.

Um die Muskelentspannung, die Schwere oder das Eigengewicht im AT zu spüren, hat es sich bewährt, die Unterarme für etwa fünf Sekunden auf die Oberschenkel zu pressen, so daß man anschließend sofort die reaktive Muskelentspannung wahrnimmt.

Psychohygiene-Training (PT)

Das Ziel des von mir entwickelten PT ist neben der Entspannung die Anwendung im Streßgeschehen selbst. Damit ist es die einzige Methode, die während einer Streßsituation unauffällig und mit Sofortwirkung eingesetzt werden kann.

Das PT setzt sich aus drei verschiedenen Wirkmöglichkeiten zusammen:

1. Es wirkt über die Körpergefühlsübung, die Grundübung des PT.
2. Es wirkt autosuggestiv (wie das AT).
3. Es wirkt über die PT-Atmung sofort auf den Organismus.

Die Körpergefühlsübung dient zur Einfühlung in das eigene Körpergeschehen und zur Konzentrationssteigerung. Die vorwiegend autosuggestiven Übungen dienen der Entspannung (vergleichbar dem AT). Die PT-Atmung schließlich dient sowohl der Entspannung als auch der Vertiefung aller anderen Übungen.

Die Körpergefühlsübung ähnelt dem Yoga-Nidra, die autosuggestiven Übungsanteile sind eher verwandt mit dem AT. Die PT-Atmung lehnt sich an physiologische Daten der Biologie und Medizin an. Sie kann mit unmittelbarem sicherem Erfolg während einer Prüfung, eines schwierigen Gespräches oder einer Konferenz unbemerkt angewandt werden (siehe das Buch *Einfach entspannen*).

Zahlreiche Empfehlungen aus dem PT lassen sich mit großem Nutzen

Das Pressen der Arme für etwa fünf Sekunden ist ein Bestandteil der AT-Schwereübung geworden

117

Alle drei
Übungsanteile
des PT können
auch als selb-
ständige Übun-
gen angewendet
werden

Aus dem
riesigen Lehr-
gebäude des
Yoga sind zahl-
reiche Anregun-
gen in das AT
eingeflossen

Fragen an das
Unbewußte
stellt man sich
in der Einschlaf-
phase, um am
folgenden
Morgen mit der
Antwort auf-
zuwachen

auch in das AT integrieren. So ge-
sehen ist das PT eine Weiterent-
wicklung des AT.

Yoga

Mit dem Yoga hat das AT mehr ge-
meinsam als die Entspannung. In
dem Sanskrit-Wort »Yoga« ist
unser Wort »Joch« enthalten; es
bedeutet soviel wie Anschirrung.
Alles, was den Menschen an-
schirrt und unfrei macht – Triebe,
Leidenschaften, neurotische Einstellungen usw. –, soll durch Yoga
beherrscht werden. Yoga ist eine
indische Geistesrichtung. Sie will
durch bestimmte Körperhaltungen
sowie durch innere Sammlung
höhere Bewußtseinszustände erreichen.

Der Yoga besteht aus verschiedenen Stufen. Die letzte Stufe ist die
Versenkung, Samadhi, in der man
eins wird mit dem Objekt seines
Denkens, seiner Konzentration,
seiner Meditation. Dieses Stadium
erreichen nur wenige. Das AT
kann ebenfalls ein Weg dorthin
sein: Als ich beispielsweise am
Ende meiner Faltbootfahrt durch
dauerndes autogenes Trainieren in
einen Zustand geriet, in dem ich
nichts mehr hören und sehen
konnte und keine Schmerzen
mehr hatte, völlig ich-los wurde, so

daß ich nicht einmal mehr meinen
Namen wußte, war ich an dieser
letzten Stufe angelangt: Ich war
eins geworden mit dem Meer.

Zen

Im japanischen Zen heißt das
höchste Meditationsziel Satori. Es
ist die Erleuchtung, das Erreichen
eines neuen Blickwinkels. Der
Zen-Schüler lernt, sich stunden-
lang, tagelang, ja wochenlang auf
das Nichts zu konzentrieren. Im
Zen wird die Konzentration, die
Ruhe, zu einem intensiven Tun,
zu einer Leistung. Es ist die
berühmte Stille, die allen Lärm
durchbricht.

Viele Methoden haben sowohl mit
der Unter- als auch mit der Oberstufe des AT Gemeinsamkeiten.
Fragen an das Unbewußte kann
man in der Unter- wie in der Oberstufe stellen. Sie sind aus der Reli-
gionspsychologie bekannt. Wer mit
diesen Fragen Erfahrungen hat, akzeptiert oftmals die Antwort aus
seinem Unbewußten, als käme sie
aus einer höheren Welt.

Auch ich hatte vor der Faltbootfahrt wochenlang versucht, mein
Unbewußtes durch die Fragen

Yoga, Zen und
AT können dem
einzelnen und
damit auch der
Gesellschaft in
weitestem Sinne
Gesundheits-
impulse geben

»Komme ich an?« und »Ist die Fahrt auch gerechtfertigt?« zu einer Aussage, zu einer Eröffnung, zu bewegen. Die Antwort war ein kosmisches Sicherheitsgefühl: Ich »wußte«, daß ich drüben heil ankommen würde. Daher halte ich es auch für vertretbar, die Kursteilnehmer auf die Möglichkeit hinzuweisen, bei schwierigen Lebensproblemen bewußt den Kontakt zum Unbewußten zu suchen. Viele Kursteilnehmer haben bestätigt, daß ihnen diese Art der Innenschau geholfen hat.

Ebenso wie man Yoga oder Zen ein Leben lang betreibt, sollte man auch sein ganzes Leben hindurch autogen trainieren. Es dient der Vervollkommnung des einzelnen und damit auch der Gesellschaft.

Literatur

Alexander, F.: Psychosomatische Medizin. Grundlagen und Anwendungsgebiete. 4. Aufl. De Gruyter, Berlin 1985.

Biermann, G.: Autogenes Training mit Kindern und Jugendlichen. 2. Aufl. E. Reinhardt, München 1978.

Clausner, G.: Psychotherapie-Fibel. Thieme, Stuttgart 1967.

Delay, J./Pichot, P.: Medizinische Psychologie. Thieme, Stuttgart 1973.

Delius, L./Fahrenkrug, J.: Psychovegetative Syndrome. Thieme, Stuttgart 1966.

Diamond, J.: Der Körper lügt nicht. 11. Aufl. Verlag für Angewandte Kinesiologie, Freiburg 1983.

Freud, S.: Abriß der Psychoanalyse. Einführende Darstellungen. Fischer Taschenbuch Verlag, Frankfurt am Main 1994.

Hoffmann, B.: Handbuch des autogenen Trainings. Grundlagen, Technik, Anwendung. Deutscher Taschenbuch Verlag, München 1992.

Langen, D.: Die gestufte Aktivhypnose. Eine Anleitung zur Methodik und Klinik. 5. Aufl. Thieme, Stuttgart 1979.

Levi, L.: Streß. Musterschmidt, Göttingen 1964.

Lindemann, H.: Allein über den Ozean. Ullstein, Berlin 1993.

Lindemann, H.: Anti-Streß-Programm. 7. Aufl. Heyne, München 1990.

Lindemann, H.: Autogenes Training. Der bewährte Weg zur Entspannung. 47. Aufl. Mosaik, München 1991.

Lindemann, H.: Einfach entspannen. Psychohygiene-Training. 3. Aufl. Heyne, München 1995.

Lindemann, H.: Überleben im Stress. 30. Aufl. Heyne, München 1995.

Mitscherlich, A.: Krankheit als Konflikt. Studien zur psychosomatischen Medizin. Suhrkamp, Frankfurt am Main 1974.

Schultz, J. H.: Das Autogene Training. Thieme, Stuttgart 1951.

Schultz, J. H.: Die seelische Krankenbehandlung. Fischer, Frankfurt am Main 1963.

Selye, H.: Streß beherrscht unser Leben. Econ, Düsseldorf 1957.

Simonton, O. C./Simonton, S. M./Creighton, J.: Wieder gesund werden. Eine Anleitung zur Aktivierung der Selbstheilungskräfte für Krebspatienten und ihre Angehörigen. Rowohlt, Reinbek 1982.

Zimbardo, P. G.: Psychologie. 6. Aufl. Springer, Berlin 1995.

Register

Monika Ritter-Kleinhans
Wirbelsäulengymnastik

96 Seiten, 253 s/w-Fotos
ISBN 3-576-10615-4

Ein hervorragend aufgebautes Übungsprogramm für eine beweglichere Wirbelsäule, für
größere Belastbarkeit und Linderung von Verspannungen, Schmerzen und Beschwerden.
Besonders leicht nachvollziehbare Bewegungsabläufe durch Gegenüberstellung von richtig
und falsch ausgeführten Übungen im Bild.

Christine Brasch / Inga-Maria Richberg
Panikattacken - Angst ohne Grund

Ursachen, Therapie, praktische Tips zur
Selbsthilfe
96 Seiten
ISBN 3-576-10679-0

Panik - eine Angst, die aus heiterem Himmel
kommt. In Deutschland leiden schätzungs-
weise 300.000 Menschen an dieser Krankheit.
Der vorliegende Band beruht auf neuesten
wissenschaftlichen Erkenntnissen und klärt
umfassend auf über Symptome, mögliche Ursachen und Auslöser. Die Autorinnen berichten
über erprobte Wege zur Selbstheilung, sie sprechen Empfehlungen zu verschiedenen Thera-
pien und zum Einsatz von Medikamenten aus
und geben viele mutmachende Tips.

Hannes Lindemann
Autogenes Training

Der klassische Weg zu Leistungskraft, Gesundheit und Lebensfreude. Überarbeitete Neuaus-
gabe.
128 Seiten, 10 Fotos
ISBN 3-576-10680-4

Der bekannte Spezialist Dr. Hannes Lindemann
geht in diesem kompakten Ratgeber auf die
vielfältigen Anwendungsgebiete des Autogenen
Trainings ein. Schritt für Schritt baut er ein

wirkungsvolles Übungsprogramm für mehr
Gesundheit und Lebensfreude auf. Darüber
hinaus gibt er erprobte Hinweise für den Einsatz des Autogenen Trainings bei bestimmten
Krankheiten.

Janet Balaskas
Massage und Gymnastik für Schwangere

Die natürliche Vorbereitung auf die Geburt.
Massage, Ernährung, Yoga und Gymnastik.
96 Seiten, 10 s/w-Foto, 55 Zeichnungen
ISBN 3-576-10607-3

Beinahe jede werdende Mutter setzt sich
während der Schwangerschaft intensiv mit
sich und ihrem Körper auseinander. Janet
Balaskas bietet in ihrem Buch erprobte Mas-
sage-, Yoga- und andere Körperübungen an,
einfühlsam und leicht verständlich.

Christine Brasch/Inga-Maria Richberg
Schwanger mit Leib und Seele

Der ehrliche Ratgeber für die aufregendsten
neun Monate. Gefühle, Hoffnungen, Vorsorge,
Geburt, Wochenbett.
160 Seiten
ISBN 3-576-10609-X

Dieser Ratgeber stellt die Gefühle werdender
Eltern in den Mittelpunkt. Anliegen der Autorinnen ist es, direkt und ehrlich über Unsicher-
heiten, Probleme und Zweifel zu informieren,
denen werdende Eltern während einer
Schwangerschaft und in der Zeit nach der
Geburt ausgesetzt sind. Sie zeigen, wie beide
Partner mit diesen normalen, sogar notwendigen Ängsten umgehen und sich gegenseitig
helfen können.

Mosaik
M

Erhältlich überall dort,
wo es Bücher gibt.